Friedrich Gerling

Damals auf dem Dorfe

Friedrich Gerling

Damals
auf dem Dorfe
1830–1901

**Überarbeitet von
Ludwig Zeddies, Daspe**

 **Landbuch**

Ein Buch mit einer historischen Darstellung wie das vorliegende darf selbstverständlich nicht als Ratgeberbuch aufgefaßt werden, dem man Anleitungen für die Praxis entnehmen könnte. Dennoch sei sicherheitshalber folgender Hinweis vorangestellt:

Jeder Leser muß beim Umgang mit den genannten Stoffen, Materialien, Geräten usw. Vorsicht walten lassen, die Gebrauchsanweisungen und Herstellerhinweise beachten und den Zugang für Unbefugte verhindern. Das gilt beispielsweise für die genannten Düngemittel (S. 35 u. 85; mit „Phosphorsäure" sind die Salze der Phosphorsäure = Phosphate gemeint) und für die (heute so nicht mehr üblichen) Behandlungsmethoden bei Schafsräude (S. 138f., 141f.).

Umschlag: Ausschnitt aus einem Ölgemälde von Hannes Liederley
Fotos im Innenteil: Erich Kuch, Friedrich Gerling

Landbuch-Verlag GmbH, Hannover
2. Auflage, 1992

Lektorat: Eva Walitzek, Burgwedel
Gesamtherstellung: Landbuch-Verlag GmbH, Hannover

ISBN 3 7842 0368 X

613/253901

Inhalt

Einführung

Im Besitz unserer Familie befindet sich ein Buch, das einer meiner Urgroßväter im Jahre 1901 als Altenteiler geschrieben hat.

Der Vollmeier Friedrich Gerling, mein Urgroßvater, ist am 10. Juli 1830 in Daspe geboren und im 86. Lebensjahr, am 2. November 1915, in Daspe gestorben. Daspe ist ein kleines Dorf mit etwa 170 Einwohnern und liegt am rechten Ufer der Weser: 17 km südlich von Hameln, der Rattenfängerstadt, und 4 km nördlich von Bodenwerder, der Münchhausenstadt.

Auf einer Karte aus dem Jahr 1000 n. Chr. in dem Buch „Der Landkreis Holzminden" wird unser Dorf schon als germanische Siedlung im Thilithi Gau verzeichnet. Damals lebte hier der Volksstamm der Cherusker. Aus Drespun über Drespe und Derspe ist schließlich Daspe geworden.

Friedrich Gerling:

Ich bin nie vom Hofe fort gewesen, denn die Ackerbauschulen wurden erst nach meinen Jünglingsjahren gegründet. Wegen eines rheumatischen Fußleidens, an dem ich von meinem 15. bis zu meinem 21. Lebensjahr litt, wurde ich vom Militärdienst befreit.

Ich besuchte die Hehlener Schule – ein Schulmeister allein unterrichtete damals 230 Kinder; ich erhielt nach meiner Konfirmation lediglich einen Winter lang wöchentlich vier Mal 1½ Stunden Privatunterricht in Schreiben, Rechnen und Rechtschreibung. Das kostete 2 Thaler an Schulgeld.

Was Friedrich Gerling aufgeschrieben hat, gilt nicht nur für Daspe. Man kann diesen Kreis sicher größer ziehen. Genauso wie einige Wörter in der plattdeutschen Sprache von Ort zu Ort anders ausgesprochen werden, so sind sicher auch einzelne Tätigkeiten oder Gebräuche von Ort zu Ort verschieden gewesen. Im großen und ganzen kann man es jedoch wohl für unsere Gegend verallgemeinern.

Man spricht gern von der „guten alten Zeit". Aber war sie wirklich so gut?

Mit den heutigen Maßstäben kann man diese Zeit überhaupt nicht messen. Viele Menschen wissen gar nicht, wie gut es ihnen geht. Geregelte Arbeitszeit, sehr viel Freizeit und der Urlaub in anderen Ländern sind für die meisten Arbeitenden etwas Selbstverständliches. Hinzu kommt noch ein Konsum an Luxusgütern. Aber sind die Menschen heutzutage zufriedener und glücklicher als früher?

Mir fällt dazu ein alter Spruch ein:

> Dein wahres Glück, o Menschenkind,
> o glaube doch mitnichten,
> daß es erfüllte Wünsche sind;
> es sind erfüllte Pflichten.

Das könnte auch Friedrich Gerling geschrieben haben.

Daspe, im Juli 1987   Ludwig Zeddies

Die Ackerwirthschaft.

und Bearbeitung des Feldlandes in der
letzten Hälfte des 19 ten Jahrhunderts.

Vorwort

zu dem Nachfolgenden.

Als am 1sten Januar 1901 ein sogenanntes
Jahrhundertausende sich ereignete, ein Jahrhundert, welches als das der Erfindung und des
Fortschritts bezeichnet, wurde der Gedanke in
mir rege, zumal ich vor 40 Jahren, als im
30 ten Jahre meines Lebens, es als meine
Pflicht erachtete die schon bei meiner Zeit
vorgekommenen Ablösung der Gutsherrlichen Gefälle und Leistungen, sowie
die in den Jahren 1844 bis 1847 vor

Dasige ausgeführten Separation der
Feldmark und den damit verbundenen
Kulturen, in einem Zeitbande von etwa 300
Seiten zu erklären, so auch jetzt, nach meinem
siebenzigsten Jahre die bedeutsamen Um-
wandelung in der Landwirtschaft, und zwar

9

es nicht uninteressant sein zu lassen, wie in
der letzten Hälfte des 19ten Jahrhunderts der
Ackerboden der Feldländerei kultiviert und
vermehrt ist, nicht minder wird es auffallen
die Beschaffenheit der Ackergeräte welche man
noch bis zur Mitte des vorigen Jahrhunderts in
Gebrauch hatte, gegen das was jetzt gebraucht
wird, übersehen den Unterschied das Zusam-
menarbeiten, so auch die Einnahme und
Ausgabe, sonst gegen jetzt. Ich will nun
versuchen und es wird mir nicht schwer werden,
hab ich doch das Früher und Später erlebt
und gründlich mit durchgemacht, in Folgen
den nach meinem besten wissen nieder
zu schreiben.

Dasel, im Jahre 1901.

Fr. Gerling.

Altenteiler.

Vorwort zu den Nachfolgenden

Als am 1. Januar 1901 eine sogenannte Jahrhundertwende sich ereignete, ein Jahrhundert, einstmals als das der Erfindungen und des Fortschritts bezeichnet, wurde der Gedanke in mir rege, zumal ich vor 40 Jahren, als im 30sten Jahre meines Lebens, es als meine Pflicht erachtete, die schon bei meiner Zeit vorgekommene Ablösung der gutsherrlichen Gefälle und Leistungen sowie die in den Jahren 1844 bis 1847 vor Daspe ausgeführte Separation der Feldmark und die damit verbundenen Kulturen in einem Einbande von etwa 300 Seiten zu erklären, so auch jetzt nach meinem siebenzigsten Jahre die bedeutsame Umwandlung in der Landwirtschaft und wird es nicht uninteressant sein zu lesen, was in der letzten Hälfte des 19ten Jahrhunderts der Ackerboden der Feldländereien kultiviert und vermehrt ist, nicht minder wird es auffallen, die Beschaffenheit der Ackergeräte, welche man noch bis zur Mitte des vorigen Jahrhunderts in Gebrauch hatte, gegen das, was jetzt gebraucht wird, überhaupt den Unterschied des Inventarwertes, so auch die Einnahmen und Ausgaben Sonst gegen Jetzt.

Ich will nun versuchen, und es wird mir nicht schwer werden, habe ich das Frühere und Spätere erlebt und praktisch mit durchgemacht, im Folgenden nach meinem besten Wissen niederzuschreiben.

Daspe, im Jahre 1901

Fr. Gerling
Altenteiler

Der Pflug

Der Pflug, als wohl das nützlichste und für den Landwirt als vornehmstes Gerät erkannt, war allenthalben, wo man auch hinkam, von ein und derselben Beschaffenheit. Das war wohl schon seit Jahrhunderten so, was auch alte Reste bekundeten.

Das Streichbrett bestand aus Buchenholz und war 3 cm dick, 25 cm hoch und 75 cm lang. Das Hintereisen oder Pflugschar war 22 cm breit und wurde mit drei Nägeln mit eingelassenen Köpfen aufgenagelt.

Die Furchentiefe hatte eine gewisse Grenze. Sie betrug vier Zoll, das sind etwa 12 cm. Von dem steten Tritt des innerfurchigen Zugtieres hatte die Pflugsohle eine besondere Festigkeit.

Gab es zum Beispiel einen Schauer Regen, es mochte an der Tageszeit früh oder spät sein, dann waren sich alle Pflüger einig und zogen aufgeschleitet nach Hause. Es währte oftmals längere Zeit, bis der Boden wieder soweit abgetrocknet war, denn das Wasser konnte wegen der festen Grundsohle nicht einziehen.

Da die damaligen Pflüge den Boden nicht krümelten, sondern fast heil herumlegten, war der wenige im schwammigen Zustand gepflügte Boden zähe und nahm dann keine Egge an.

Im Gegensatz dazu war es im Herbst oft zu trocken. Man behalf sich bis zum Äußersten mit Ketten, die man um den Grindel schlang, und den Pflug, so weit es ging, zurück und nach unten hing. Auch das Vordereisen wurde weggenommen, und man legte einen Stein in den Pflugkasten. Aber oft half das alles nichts, und das Pflügen wurde eingestellt. Es hieß dann: Es ist doch nun gar nichts mehr zu machen, wenn es nicht bald regnet.

Bei normalem Feuchtigkeitszustand des Bodens und wo auch keine Steine im Felde vorkamen, war mit den derzeitigen Pflügen sehr gut zu arbeiten. In der Konstruktion der damals gebauten Pflüge lag eine besonders herausragende Kunst. Wenn selbiger genau nach Maß und Schablone gemacht war und das Vordereisen richtig eingekeilt, so ging derselbe, wo keine Härte oder sonstigen Hindernisse im Boden vorhanden, ohne Handhabe im Acker allein von einem Ende zum anderen.

Ich erinnere mich gern an meine Jugendjahre, so um die Zeit um 1848. Wenn wir so in der letzten Hälfte Mai zur Saat pflügten, zum Hafer und Gerste, dann waren schon warme Tage. Morgens bei dichtem Nebel waren alle im Dasper und Hajer Felde beim Pflügen. Jeder Pflug hatte im Betrieb seine besonderen Töne, hervorgebracht durch das Achsholz, das sich auf der eisernen Welle drehte. Es war ein Gejohle und Gequarre. Dazu stimmten die Lerchen von oben mit ihrem Gesang ein. Diese ganze Harmonie himmelte einen wunderbar an. Es war so, als befände man sich in einem großen Konzertsaal, und das Herz freute sich einem im Leibe, und fast jeder Pflüger summte oder flötete sein besonderes Stückchen dazu.

Die Egge

Dieses Werkzeug war auch wie der Pflug in der Nähe und in der Ferne, wo man auch hinkam, von ein und derselben Beschaffenheit. Es bestand aus vier Balken, drei Scheiden und einer Zugkette.

Die Balken waren aus Buchenholz, 6×8 cm stark und 1,30 m lang. Die Scheiden dagegen aus astfreiem, zähem Eichenstammholz und 1,5 cm dick. In der Mitte hatten die 1 m langen Scheiden eine Breite von 8 cm. Wo sich Balken und Scheiden kreuzten, wurden 8 mm große Löcher gebohrt und Holzpflöcke eingeschlagen.

In den Vorderbalken wurden sechs Stück 1 cm große Löcher für die Eggenzacken gebohrt. Der zweite Balken hatte neun Löcher, der dritte acht und der Hinterbalken wieder neun Löcher. So ein fertiges Eggenholz kostete beim Stellmacher damals 14 Mariengroschen, das sind 1 Mark 12 Pfennige.

Die Zacken hatte der Schmied einzubrennen. Diese waren 23 cm lang, 2 cm breit und $1\frac{1}{4}$ cm dick. Nach unten waren sie schlank abgeschmiedet. Das obere 5 cm lange Ende hatte auf jeder Kante klauig eingehauene Kerben. Diese Zacken wurden glühend von oben eingetrieben und rasch mit Wasser abgekühlt. Sie saßen dann wie eingewachsen. Für die fertige Egge nahm der Schmied pro Zacken 24 Pfennige. Das sind bei 32 Zacken 7 Mark 68. Für den Holzrahmen kamen noch 1 Mark 12 hinzu, so daß die Egge auf 8 Mark 80 kam.

Solch eine Egge hielt etwa 20 Jahre. Solange es ging, wurde sie durch Übernageln von Latten repariert.

Der Gebrauch der Egge

Auf Höfen, wo drei Pflüge in Betrieb waren, gab es sechs Stück Eggen. War der Boden fest oder auch beim Quekkeneggen, wurden zwei ineinandergelegt. Sie paßten genau ineinander, und man sagte dazu Doppeltegge. Es wurden dann zwei Zugtiere vorgespannt. Zum gewöhnlichen Betrieb wurden die Eggen der Reihe nach auf den Acker gelegt. Etwa fünf Schritt hinter der ersten, jedoch einen Meter nach rechts, lag die zweite. Weitere fünf Schritte nach hinten und einen Meter versetzt die dritte usw. Nun wurde das erste Pferd vorgespannt. Es hatte wie beim

Pflügen eine Doppelleitschnur. Das zweite und auch die nächsten Pferde waren jeweils durch einen Hechtzügel am Kopfende des zweitvorderen Eggenbalkens hinter der Scheide angebunden. Diese Hechtzügel wurden selbst gemacht. Sie bestanden aus flachsenem Garne, waren 1 cm dick und 2 m lang.

Gewöhnlich konnte ein Mann mit fünf Pferden eggen. Er konnte so alle Tiere mit der Peitsche erreichen. Sollten sechs Eggen laufen, so wurden entweder zwei und vier oder zwei mal drei Eggen zusammengestellt.

Das Eggen wurde nur dann richtig ausgeführt, wenn das auf dem Hechtzügel gespannte Tier den Zügel halbstramm hielt. So kam es der vorderen Egge nicht zu nahe, und die einzelnen Eggen, die ja nicht quer, sondern schräg arbeiteten, faßten mit der Spur gut ineinander. Der Egger mußte also viel Vor- und Umsicht üben, besonders an den Enden beim Einwenden. Er mußte bei der Arbeit, um alles in Obacht zu haben, mehr quer als geradeaus gehen. Wer sich solch einen Eggenzug in Betrieb ansah, mußte sich sagen: Es liegt doch eine herausgefundene Kunst in dieser Zusammenstellung.

Über die haarsträubenden Unglücksfälle, die ich selbst gesehen habe, werde ich bei der Beschreibung der Bestellung berichten.

Um das Jahr 1878, meine Eggen waren allesamt schadhaft und auch zu leicht, schaffte ich mir einen dreiteiligen eisernen Eggenzug an, eine sogenannte Zickzackegge. Vereinzelt waren diese schon auf größeren Gütern im Gebrauch. Hierorts waren es die ersten, die in einem kleineren Betriebe eingesetzt wurden. Im Laufe der letzten zehn Jahre sind auch die letzten hölzernen Eggen verschwunden und durch die eisernen ersetzt worden. Bei den neuen Eggen sind die Zugtiere auch nicht mehr gezwungen, mit schiefer Haltung des Kopfes gegen die Egge zu gehen. Sie können nun zweispännig ungezwungen frei fort-schreiten. Das Einwenden an den Enden wurde rasch gelernt, und auch die Pferde lernten alsbald ihre nötigen Schritte dazu.

Die Walze

Die einzige Walze auf den Höfen war 2 Meter 30 lang und 25 cm hoch. Beide Enden waren mit schmalen Eisenreifen, ins Holz eingelassen, gebunden. Zwei eiserne Wellen, 25 cm lang und 2½ cm dick, wurden, nach innen kantig zulaufend und mit Widerhaken versehen, geschmiedet. Diese Wellen wurden halbglühend an beiden Enden einge-trieben. Das Steg fertigte man sich selbst. Es bestand aus zwei sogenannten Spänen, die zu beiden Enden etwas Habung hatten und zwei buchenen Ricken. Die beiden Zapfen der Walze liefen in dem durchbohrten Stegholze ohne Büchse. Daher gab dieselbe im Gebrauch, ähnlich wie die Pflüge, viertelstunden Wegs hörbare Töne von sich. Das Gewicht einer solchen Walze kann ich nicht genau angeben. Sie wog etwa zwei Zentner. Eines Sonntagnach-mittags trug ein Knecht eine fertige Walze auf eine Wette vom Langeschen Hofe Nr. 16 auf den Müllerschen Hof Nr. 1. Obiger gewann die Wette und lebt heute noch.

Neben Pflug, Egge und Walze waren noch so drei bis vier Klutenklöpper vorhanden. Dieselben bestanden aus Buchenrundholz, so wie es gewachsen war. Man sägte 18 cm lange Enden ab, bohrte 2½ cm dicke Löcher durch und schlug einen 1½ Meter langen, urwüchsigen Stiel hinein.

Die zwei Ackerwagen

Seit 1845 wurden diese sogenannten hölzernen Wagen mit eisernen Achsen ausgerüstet. Die jüngeren Schmiede, die in der Fremde gewesen waren, waren imstande, solche herzustellen.

Mein Vater ließ sich den ersten mittelschweren Eisenachswagen bei der hiesigen Separation (Flurbereinigung) 1847 machen. Diese Wagen waren auch zugleich mit einer Vorrichtung versehen, den Wagen bergab zu hemmen, was sonst mit einer Sperrkette gemacht wurde.

Bis 1875 war Daspe noch gänzlich schraubenlos. Ich ließ mir aber sogleich eine Vorrichtung zum Anschrauben hinter jeden Wagen machen.

Die Verbindung des Vorder- mit dem Hinterstell geschah mit dem Langwagen. Es gab drei verschiedene Langwagen: Einen kurzen zum Flachtenwagen, einen langen zum Erntewagen und einen mittleren zum Holzfahren. Das Brennholz wurde bis um das Jahr 1880 noch auf dem Stamme angewiesen.

Die Deichsel lag vorne schlaff am Boden. Sie hatte vorne eine Öse, in die der Vorderschwengel gehängt wurde, der einen Haken hatte. Die Räder dieser Wagen waren mit Reifen gebunden. Am Vorderstell hatten sie eine Höhe von 1 Meter 80 und am Hinterstell 1 Meter 90.

Allem Anschein nach hatte es hierzulande drei Jahrzehnte vordem noch keinen Ackerwagen gegeben, der mit Reifen gebunden war. Der Felgenring war mit sogenannten Schienen beschlagen. Reste von Nägeln sind noch vorhanden. Vereinzelt findet man diese Nägel in älteren Häusern auf den Rauchkammern am Gebälk oder auch in Stallungen, wo sie zum Befestigen von Verschalungen an den Wänden verwendet wurden. Der runde Kopf eines solchen Radnagels hatte einen Durchmesser von 4½ cm und war 1½ cm stark. Die untere Seite des Kopfes war mehr hohl als glatt. Der 7 cm lange Nagel hatte unter der Kopfplatte eine Breite von 1⅓ cm und war ¾ cm dick. Er lief dann auf 1 cm Breite messerscharf ab.

1838 haben wir einen abgängigen Wagen, der mit Schienen beschlagen war, entzwei gemacht. Der Felgenring dieses Wagens lief nach der Außenseite verjüngt zu, und er war 6 cm breit. Ein Rad hatte 4 Stück Felgenringe. In der Schmiede wurden sie nach der Form des Radkreises und der Breite der Felge zugerichtet. Sie waren ⅔ cm dick und waren an beiden Enden auf den letzten 35 cm dünn abgeschmiedet. Diese Enden lagen dann übereinander. Etwa alle 6 cm wurde ein Loch in den Felgenring gebohrt. Zu einem Rad wurden 97 Nägel verbraucht. Ich erinnere mich noch lebhaft an die Reihe Löcher, die solch eine Wagenspur bei Schnee oder weichem Boden hinterließ. Die älteren Leute sagten, da diese Wagen bei glattem Wetter nicht so herumgerutscht wären wie die mit schlichten Reifen gebundenen.

Ein altes Stell, bei dem die hölzernen Schenkel mit Drecklünzen versehen und mit Schienen beschlagen waren, war noch so bis um das Jahr 1855 unter der Schäferhütte. Da diese Hütte allen Interessenten gehörte, wurde sie ohne Schmier gefahren. Sie gab, ähnlich wie die Brunnenwinden im Orte und die alten Pflüge und Walzen, weithin hörbare Töne von sich.

Im Herbst 1840 holte mein Vater von einem Schmied namens Schoppe aus Eschershausen einen neuen, kompletten vierspännigen Wagen. Er nahm mich mit, und ich mußte mich auf das rechtsgehende Pferd setzen. Ein Stellmacher aus Lüerdissen, wo meine Eltern Bekannte hatten, hatte diesen Wagen mit allem Zubehör gemacht: Deichsel, Schemel, kurze und lange Rungen, einen Dünge-, einen Holz- und einen Erntelangwagen. Das Holz dazu war am Ith gewachsen, wo bekanntlich das Buchenholz sehr feinfaserig und dauerhaft ist. Der Stellmacher lieferte den Wagen mit Zubehör für sechs Thaler, das sind 18 Mark. Was das Beschlagen in der Schmiede kostete, ist mir nicht mehr erinnerlich. Ich weiß nur noch, daß der Schmied zu meinem Vater sagte, wenn er noch vier Thaler mehr angewendet hätte, dann hätte er einen Wagen mit eisernen Achsen erhalten.

Der Wagen war in der Schmiede schwarz angeschwälgt, und sämtliche Eisenteile waren mit heißem Pech überlaufen. Dieser Wagen erregte hier im Ort Aufsehen. Es war der erste, der mit Kapseln, mit Glättscheiden, mit schlichten Reifen gebunden und mit tragender Deichsel versehen war. Der alte Wagen, der noch die hohen und mit Schienen beschlagenen Räder hatte ohne Kapseln und mit zur Erde fallender Deichsel, wurde entzweigeschlagen.

In dem Vorhergehenden habe ich die Pflüge, Eggen, Walze und Wagen beschrieben, die noch bis so um 1850 in Gebrauch waren. Ich habe dabei die 1875 eingeführten einheitlichen Maße benutzt. Der Gesamtwert des damaligen Ackerbestellungs-Inventares in deren brauchbarem Zustand betrug:

3 St.	Pflüge	à 16 Mark =	48 Mark
6 St.	Eggen	à 7 Mark =	42 Mark
1	Walze	5 Mark =	5 Mark
2 St.	Wagen	à 95 Mark =	190 Mark

Insgesamt also 285 Mark oder nach damaliger Benennung 95 Thaler. Ein Pflug wog 23½ Kilo, ein Pflugstell 25 Kilo, eine Egge so um 17 Kilo und eine Walze 100 Kilo.

Die Vervollkommnung der Ackergeräte,

des Ernte- und des Dresch-Inventares in der letzten Hälfte des neunzehnten Jahrhunderts

Es ist wohl sicher der Pflug, der die meisten Veränderungen erfahren hat, sogar bis in die gegenwärtige Zeit. Um das Jahr 1850 wurden schon vereinzelt Pflüge mit eisernen

Reistern (Streichbrett) gebaut. Auch wurde schon das Schäl- oder Poltereisen stellenweise in Gebrauch genommen. 1854 ließ sich mein Vater von einem Schmied aus Großen Hilligesfeld einen solchen mit Schäleisen liefern. Diese Voreisen ließen das Geschälte in die Furche fallen, und wir waren sehr glücklich, damit zu arbeiten. Doch es sollte in einigen Jahren noch besser kommen. Die Stahlreister wurden verbessert, der Boden klebte nicht mehr daran, und die Pflüge gingen leichter.

In Hameln fand eine landwirtschaftliche Ausstellung statt. Außer Vieh wurden noch allerlei Geräte zur Schau ausgestellt. Auch sechs Pflüge aus Fischbeck mit Stahlstreichschar und mit sogenannten Doppelpflugeisen. Diese waren am Tage vorher in unmittelbarer Nähe im Gebrauch gewesen und waren dann, ohne abgerieben oder geputzt zu werden, zur Schau hingestellt. Diese Pflüge zogen alle anwesenden Landwirte an. Jeder konnte sich davon überzeugen, daß das Schäleisen sowohl wie auch der Reister der Windung des Bodens angepaßt waren. Es war keine Fläche zu sehen, wo es sich nicht gerieben hatte. Hier und da hafteten noch kleine Erdkrümelchen am Letzteren, als Beweis, daß selbige nach dem Gebrauch nicht abgescheuert, sondern daselbst vorsichtig hingestellt waren. Drei davon wurden von der Ausstellung angekauft und verlost. Die anderen drei sofort von Landwirten gekauft. Es wurden auch noch verschiedene andere Geräte verlost, wie auch die neuen Schäleisen, Doppelpflugeisen genannt. Man wollte sie auf diese Weise unter die Leute bringen.

Auch die Eggen und Walzen sind verbessert worden. Die erste eiserne Ringelwalze kam 1867 nach Daspe. Sie wurde leihweise viel gebraucht. Die erste Drillmaschine im Jahre 1872 und der erste Zug eiserne Eggen 1878. Auch die Drillmaschine (Maschine, die in Reihen sät) wurde leihweise hier im Ort von fast allen Landwirten benutzt. Heute, 1901, gibt es bereits neun Stück.

Auf einem Vollmeierhofe hier im Ort gibt es zur Zeit folgende Maschinen und Geräte:

5 Ackerwagen, 2 schwere, 2 mittlere, 1 Einspänner,
2 zweispännige Pflüge,
1 Vierspänner-Pflug,
1 Vierspänner zum Streken (Schälen),
1 Zweispänner zum Streken,
1 Grubber,
1 Extirpator,
1 Drillmaschine,
1 Hackmaschine,
2 Zug eiserne Eggen,
1 Zug dreiteilige feine Eggen,
1 dreiteilige steinerne Walze,
1 dreiteilige hölzerne Walze,
1 mittelschwere einteilige Walze,
1 einteilige eiserne Ringelwalze,
1 Hack- und Häufelpflug,
1 Kartoffel-Aushebepflug,
1 Mähmaschine,
1 dreiteilige eiserne Schlichtwalze als Ersatz für die abgängige Steinwalze.

Nach den Aufzeichnungen im Inventarbuch hat obiges tote Inventar einen Wert von 2 228 Mark.

Die in den letztverflossenen 50 Jahren hier angebauten Feldfrüchte,

deren Bestellung, Ernte und die Erträge

Es wurden angebaut:

Halmfrüchte: Roggen – Weizen – Gerste – Hafer.

Hülsenfrüchte: Bohnen – Wicken – Weiße Erbsen – Graue Erbsen – Linsen.

Faserfrüchte: Flachs.

Hackfrüchte: Kartoffeln – Futterrunkeln – Zuckerrüben.

Ölfrüchte: Rübsen – Raps.

Futtergewächse: Rotklee – Esparsette – Luzerne.

Gründüngerfrüchte: Gelbe Lupinen – Gelbklee usw.

Bis um das Jahr 1880 bestand seit Menschengedenken eine Dreifelderwirtschaft. Diese wurde mit peinlicher Sorgfalt gepflegt.

Im Winterfeld wurden Roggen und Weizen angebaut. Im Sommerfeld Gerste, Hafer und Mengkorn. Im Brachfeld Hülsenfrüchte wie Erbsen, Bohnen, Wicken und Linsen; Faserfrüchte wie Flachs; Hackfrüchte wie Kartoffeln, Zukker und Futterrüben; Ölfrüchte wie Kleine Wintersaat, Raps und Rübsen.

Die sogenannte Dreifelderwirtschaft bestand in der Einteilung des sämtlichen vorhandenen Ackerlandes, mit Ausschluß der mehrjährigen Früchte wie Luzerne und Esparsette in drei gleiche Teile. Nach der Winterfrucht folgte die Sommerung und im dritten Jahre die sogenannten Brachfrüchte. Die Winterung und die Sommerung folgten also alle drei Jahre aufeinander. Dagegen durften die im Brachfelde angebauten Früchte erst nach verschiedenen Zeiträumen einander folgen. Weiße Erbsen durften nur alle sechs Jahre einander folgen. Bohnen, Wicken, graue Erbsen, Rübsen, kleine Wintersaat, Raps und Flachs nach neun Jahren. Klee nach zwölf Jahren. Luzerne und Esparsette durften erst 15 Jahre, nachdem sie umgebrochen waren, auf dem gleichen Feld folgen.

Die Einteilung obiger Fruchtarten für das Brachfeld war in jedem Jahr eine komplizierte Angelegenheit, und sie wurde mit gewissenhafter Umsicht getroffen, was die damaligen Kenntnisse des Landmannes voll und ganz in

Anspruch nahm. Daß dieses seine Berechtigung hatte, geht aus Folgendem hervor: Nach der Separation 1848 waren in die neuen ausgewiesenen Ackerpläne sieben, neun, auch bis zu zwölf krummlaufende, querliegende und hochrägige (das heißt, daß jeder seinen Plan zusammenpflügte) Ackerstücke eingegangen. Als erstes wurden die tiefen Furchen durch Auseinanderpflügen gefüllt, und der Plan wurde neu eingeteilt. In dem neuen Brachfelde sah man bei manchen Fruchtarten, die ja nun manchmal in kürzeren Zeiträumen aufeinander folgten, Flächen und Streifen, die sich durch kümmerlichen Wuchs von den übrigen abhoben.

Es hatte schon seine Berechtigung, daß auf die Einteilung innerhalb der Fruchtfolge großes Gewicht gelegt wurde. Kam es vor, daß der Besitzer verstarb, so wurde wegen der Einteilung bei den Nachbarn und den derzeitigen Arbeitern geforscht, was vor drei, sechs, neun und zwölf Jahren auf den einzelnen Stücken für Frucht geerntet worden war. Die Mehrzahl der Landwirte war des Schreibens unkundig, und sie waren auch nicht befähigt, ein Fruchtfolge-Verzeichnis zu führen. Dafür hatten sie aber ein außergewöhnlich gutes Gedächtnis.

In den letzten 25 Jahren, namentlich seit der Zuckerrübenbau hierorts vorherrschend ist, gab es mehr eine Fruchtwechselwirtschaft, und die peinliche Innehaltung der Fruchtfolge wurde etwas vernachlässigt. Hinzu kam, daß der Ackerboden tiefer gepflügt und besser kultiviert wurde und es auch schon käuflichen Dünger ab.

Der Roggen

Der Roggen stand obenan. Er war für uns Deutsche vorzugsweise als Brotfrucht bekannt. In den letzten drei Jahrzehnten ist er aber um eine Stufe gefallen und wird nun in allen Kurs- und Marktberichten an zweiter Stelle aufgeführt. Obenan steht der Weizen.

Bis so um 1880 wurden ⅘ des Winterfeldes mit Roggen und nur ⅕ mit Weizen bestellt. In noch älteren Zeiten wurde nur auf ⅛ des Areales Weizen angebaut. Der Roggen folgte ausschließlich den im Brachfeld angebauten Früchten. Gleich nach der Ernte wurde mit dem Reinigen des Erbsen-, Wicken- und Bohnenlandes begonnen. Das heißt, es wurde mit den vorhandenen hölzernen Pflügen möglichst flach gestreket. Die eben benannten Äcker waren nach der Ernte mit dem sogenannten Queckengras durchwachsen. Etwa einen halben Meter hoch. Es kam mit in die Schwade und gab ein gutes Futterstroh, wenn es nicht verregnete.

Nach dem Streken wurde der Acker zwei-, wohl auch dreimal geeggt. Dabei wurde das lange Wurzelwerk zusammengeschleppt. Alle 20 oder 30 Schritt, je nachdem wie der Boden verfilzt war, wurden die Eggen gelichtet. Wenn nun ein Stück ausgelichtet war und die Quecken in Schwaden lagen, dann wurden die Schwaden auf den Rücken gelegt und die Schwadenstelle durchgegrept. Bei trockenem Wetter konnten diese Schwaden schon am nächsten Tag in Haufen gebracht werden. Die Quecken wurden gleich auf dem Felde gedroschen. Dabei stob einem der schwere Staub um die Nase. Sie hatten einen guten Futterwert und wurden von Kühen und Ziegen begierig gefressen. Auch die Tagelöhner wurden dabei bedacht. Sie mußten sich die Quecken hinter den Eggen selbst auslichten. Quecken, die nicht gleich gefressen wurden, kamen gewöhnlich auf den Stallboden. Sie verbreiteten einen angenehmen kräuterartigen Teegeruch im Dorf. Es war eine zeitraubende Arbeit. Manchmal mußte auch ein zweites Mal gestrekt werden.

Wenn das Land ausgeeggt war, wurde zu Roggen gepflügt. Pflügen ging mit den alten Pflügen nur bei trockenem Wetter. Tiefer als 12 cm kam man auch nicht, denn da war die Sohle. Tiefer pflügen war auch absolut nicht ratsam, weil sich die Furche dann nicht mehr wendete und in der Kante stehenblieb. Der Boden war zu der Zeit auch sehr dünger- und humusarm. Das Pflügen zur Saat wurde mit großer Sorgfalt ausgeführt, gleiche Tiefe und gleiche Breite, damit die Furchen egal lagen. Kam einmal etwas wilder oder toter Boden mit nach oben, so galt das für die Pflanzen als wahres Gift. Ausgesät wurden 2½ Himten, das sind etwa 60 kg, pro Morgen. Zuerst kamen etwa ⅔ der Menge breitwürfig auf die heile Furche und wurden eingeeggt. Darauf wurde im sogenannten Kreuzwurf der Rest ausgesät. Nun wurde das Land noch einmal schräg geeggt. Das war eine komplizierte Arbeit, und nur wenige konnten das. Zum Abschluß wurde noch einmal lang geeggt, gewalzt und wieder geeggt.

Mit sechs Pferden schaffte man an einem halben Tag fünf bis sechs Morgen. Diese Bestellungsweise wurde mehr wie eine Schablone betrachtet. Alle Arbeiten mußten in dieser Reihenfolge ausgeführt werden.

Die Walze wurde auch noch nach der Sommersaatzeit benutzt. Waren Gerste, Hafer und Mengkorn etwa 10 cm lang, dann wurden sie angewalzt. Das war eine sehr wichtige Arbeit. Dickere Kluten wurden bei dieser Gelegenheit mit dem Klutenklöpper zerschlagen.

Ein damals gebräuchliches Sprichwort sagte: Roggen in den Klump, Bohnen in den Pump, Erbsen in den Sump, Hafer in den Mülm, Gerste in den Stülm. Damals gab es noch keine Gräben, um das Wasser abzuleiten, und so fehlte es auch an den obigen Lagen nicht.

Nachdem der Roggen aufgegangen war, mußte auf die Erhaltung der Pflanzen geachtet werden. An den Grenzfurchen und den Grasbänken wucherte die Quecke. Drinnen hauste allerlei Getier, wie Schnecken und Mäuse. Auch gab es die Roggentrespe und die Kornrade. Da, wo der Roggen dünn stand, hatten sich die Trespen ausgebreitet. Sie waren als lästiges Unkraut bekannt, und sie vermehrten sich sehr stark. In nassen Jahren war der Roggen oft bis zu ⅓ davon durchsetzt. Sie hatten fast die gleiche Form und Farbe wie die Roggenkörner, aber es waren bloß wertlose Hülsen ohne Mehl.

Infolge der Fortschritte in der Kultur des Anbaues hat sich dieses lästige Unkraut so nach und nach vermindert, und seit Jahrzehnten ist es ganz und gar verschwunden. Die jüngeren Leute kennen keine Trespe mehr.

Die andere feindliche Pflanze des Roggens war die Rade. Sie wird unter die Linie der Nelken gerechnet. Sie ist, wie auch die Trespe, halb so hoch wie der Roggen und hat von unten mehrere seitwärts stehende, halbmeter lange Zweige, die mit dem Roggen zugleich reif werden. Die Fruchtkapseln sind voll besetzt mit runden schwarzen Körnern. Roggenfelder ohne Raden gab es nicht.

Das Beste daran war der schöne Blütenschmuck. Ich erinnere mich noch daran, wenn wir als Kinder mit ins Feld gingen, um die schönen Radenblumen zu pflücken, dann wurden wir bange gemacht: Das Roggenweib lauere auf uns, um uns zu fassen.

Im Frühjahr wurden die nelkenartigen, fetten Pflanzen, die sich gut vom Roggen abhoben, ausgezogen und in großen Haufen am Feldrand gelagert. Als Viehfutter waren sie gänzlich ungeeignet. Auch die Körner waren ungesund. Durch das Ausjäten wurde die Rade wohl vermindert, beseitigt wurde sie aber nicht.

Auch wenn mal ausnahmsweise reiner Roggen, der durch abgelesene Ähren gewonnen, gesät wurde, so waren im Frühjahr doch wieder diese Wucherpflanzen vorhanden. Man sagte dann: Es liegt einmal im Boden. Die Trespe wurde noch mehr gefürchtet als die Rade, denn sie ließ sich beim Müllern nur ganz schwer vom Roggen trennen. Die leichte Rade flog mit dem Wind davon. Die schweren runden Trespenkörner dagegen hatten etwa die gleiche Größe wie die Roggenkörner, und so gingen auch nur ganz wenige kleine Körner durch das Trespensieb mit ab. Damals enthielt eine mittelmäßige verkaufsfähige Roggenprobe 15 % Raden und 20 % Trespen.

Ein Himten Roggen wog 22 Kilo. Zum Brotbacken vermahlen, gab es von der Mühle 2 kg Kleie zurück. Das daraus gebackene Brot war grob und dunkel. Heutzutage würde man solches als ungenießbar betrachten.

Der Roggen wurde nur bei trockenem Wetter geerntet. Morgens bei Tau wurden erst andere Arbeiten verrichtet. Abends dagegen wurde so lange gemäht, bis man sich nicht mehr sehen konnte. Der Roggen wurde sogleich nach Abnehmen und Binden in zehnbundige Haufen gesetzt. An die sechs sogenannten Pfahlgarben wurden noch vier Stück kleinere von den Grenzfurchen, die nur wenige Ähren hatten, dagegen mehr Gras, von beiden Seiten angeschmissen. Man nannte solche dann „runde Haufen".

Bevor der Roggen eingefahren werden konnte, mußte er eine ganze Woche lang sonnige Tage haben. Sowie der Roggen in Haufen stand, gingen die Binderinnen vor Tage zum Nachharken. Das wurde stets im Tau vor Sonnenaufgang gemacht. Beim Einfahren des Roggens wurde gewartet, bis der Morgentau sich aufgelöst hatte. Dagegen wurde das letzte Fuder bei Laternenschein ins Tor gefahren.

Beim Saatroggendreschen, das ja damals zu achten mit dem Flegel geschah, wurde das Korn aus der Mitte genommen und zum Müllern auf einen Haufen geschoben. Das an den Seiten liegende Korn enthielt mehr Raden, Trespen und Vogelwicken.

Im Herbst 1862 war in Hameln eine landwirtschaftliche Ausstellung. Außer Vieh wurden dort auch Maschinen und Geräte ausgestellt. Ein Nachbar von mir, Stellmacher S., war als Fabrikant guter Kornmühlen in der Umgebung bekannt. Er hatte auch eine in Hameln ausgestellt und erhielt eine Belobung auf dieselbe mit der Zugabe eines kleinen Fähnchens, was derselbe über seine Haustüre stekken konnte. Mit S. kam ich am Abend nach Haus. Wir sprachen über die Fortschritte im Bau der landwirtschaftlichen Geräte. Er war sehr glücklich über die Anerkennung seiner Kornreinigungsmaschine. Ich sagte ihm, er müsse eine Einrichtung erfinden, um die Rade beim Reinigen des Roggens aus letzterem auszusondern. Zwei Jahre später hatte er eine gebaut, die er zum Ausprobieren leihweise hergab. Es war im Herbst 1865. Ich hatte gerade von meinen Eltern den Hof übernommen. Wir hatten den Saatroggen schon gedroschen und gemüllert. Nun hatten wir nichts Eiligeres zu tun, als diese Maschine zu leihen. Die Arbeit damit war spielend. Das Drehen des Zylinders als Kinderarbeit machte mein Vater. Er mußte nur langsam drehen, denn das Korn im Zylinder durfte nur rutschen. Der Zylinder hatte Neigung nach vorne, und der Roggen fiel heraus. Die kleinen Körner und die runden Raden fielen durch die Maschen. Wir machten den Tag über 60 Himten rein und waren ganz überrascht über den Erfolg. Wir hatten beide so reinen Roggen noch nie gesehen.

Während der Arbeit sagte mein Vater: So ein Ding mußt du dir anschaffen. Ja, erwiderte ich, ich will selbst mal eins machen. Ich hatte bei dieser spielenden Arbeit Zeit und Muße, diese Sache so recht ins Auge zu nehmen. Dabei fand ich, daß der Zylinder einen Stoß länger und der Durchmesser des letzteren $\frac{1}{3}$ größer sein müßte. Auch sollte die Maschenweite zweier Stöße größer sein.

Eines Tages ging ich nach Bodenwerder und mußte dort beim Kaufmann F. für eine Elle Gaze, gleich 60 cm, 60 Pfennige geben. Auf dem Hof suchte ich mir das nötige Holz zusammen und machte mich in meiner Klüterkammer zu schaffen. Mein Vater vertrat mich auf dem Hof und im Feld bei der übrigen Arbeit. Nach drei Tagen hatte ich meine Maschine fertig. Nach dem Roggendrusch wurde sie eingesetzt. Es war gelungen. Ich machte S. als Stellmacher und Mühlenbauer auf meine Konstruktion aufmerksam und sagte ihm, wenn er solche machen würde, wollte ich ihm mehrere Kunden aus meinem Verwandtenkreise zuwenden. Bei dieser Gelegenheit erfuhr er, daß ich beim Kaufmann F. 60 Pfennige für die Gaze bezahlt hatte. Aufgebracht darüber sagte er mir, er müsse für die gleiche Menge einen halben Gulden, gleich eine Mark, bezahlen. Darauf stellte er Kaufmann F. zur Rede. Letzterer sagte: Lassen Sie Gerling kommen, daß er solche für Sie kauft. Der bekommt sie für 60 Pfennige.

S. baute mehrere solcher Maschinen und verdiente sehr gut dabei. Sie kamen nach Esperde, Hilligesfeld, Bremke und anderen Orten. Ich ließ selbige an die Empfänger verabfolgen und zahlte den Betrag unter Abzug der Gaze an S. aus. In diesem Winter gab ich den gesamten Roggen über meine Maschine und konnte ihn sehr viel günstiger verkaufen.

Im Herbst 1865 wurde ich von Freunden und Bekannten sehr in Anspruch genommen. Alle wollten meine Maschine leihen. Ein Landwirt aus Esperde, vom Osterhofe, wollte mit 60 Himten Roggen nach hier kommen. Ich sagte, er solle sich die Maschine nur holen und zeigte ihm die Gebrauchsweise. Ich nähme für jeden Himten fünf Pfennige, und er könne sie bis Dienstag haben. Es war Donnerstag. Am Montagabend schickte er sie mit seinem Knecht zurück. Fünf andere hatten dieselbe noch benutzt. Von jedem war das Geld besonders eingewickelt. Im ganzen waren es 6½ Thaler, gleich 19 Mark 50 Pfennige. Alle ließen noch besonders danken. Auch in den folgenden Jahren war diese Maschine in den umliegenden Ortschaften etwa drei Wochen in Gebrauch. Die Rade ist nun fast ganz verschwunden. Nur in den ganz lässigen Wirtschaften trifft man sie noch an. Am längsten hat sie sich auf den Bergdörfern gehalten.

Zu der Zeit erhielten die Pfarrer dort noch Korn. Im Jahre 1877 ist das hierorts durch Geld abgelöst worden. Man kann es dem Pastor in Neersen nicht verdenken, daß er eines Sonntags in der Predigt seinen erhaltenen Roggen mit folgenden Worten rügte: Ich predige Euch das Wort Gottes lauter und rein. So rein soll auch mein Zinskorn sein. Trespen, Raden und Vogelwicken, die sollt Ihr mir nicht wieder schicken.

Die Müller und Aufkäufer wurden nun auch eigener beim Kauf des Getreides. Was das Saatgut der Getreidearten anbetraf, so war wohl seit Jahrhunderten dasselbe immer wieder ausgesät. Es wurde manchmal von einem Ort zum anderen umgetauscht. So ab 1860 wurde von dem Landwirtschaftlichen Central Verein dafür gesorgt, daß auch aus anderen Gegenden neues Saatgut bezogen wurde. Eisenbahn und Schiffahrt ermöglichten das. Auch Versuche wurden damit angestellt. Seit zwei Jahrzehnten habe ich weder Trespe noch Rade geerntet. Der Zylinder wird aber noch jedes Jahr gebraucht, um Roggen und Weizen für die Saat zu gewinnen. Die kleinen und schwächlichen Körner werden ausgesondert. Im Frühjahr wird der Hafer damit vom Hederik und anderen Unkrautsamen gereinigt.

Ich habe in diesen Jahren, da ich in jedem Jahr neu bezogenes Saatgut anbaute, Saatroggen und Saatweizen verkauft. Es wurden für den Himten Weizen, 25 kg, 40 Pfennige mehr bezahlt als für gewöhnliche Ware. Für den Saathafer, der aus der Probstei und aus Dänemark kam, wurde pro Himten, gleich 14 kg, 20 Pfennige mehr gezahlt. Ich machte damals gute Geschäfte, da es bekannt war, daß ich vorzügliche Sorten und durch meine Maschine reines Korn lieferte. Ich erinnere mich noch, daß ich in einem Jahr, 1891, 134 Himten Roggen, 122 Himten Weizen und 500 Himten Hafer als Saatgut verkaufte. Roggen und Weizen in kleineren Mengen direkt an Landwirte, vorzugsweise nach den Ortschaften auf dem Berge. 200 Himten Hafer gingen an einen Händler in Hameln und 300 zu einer Handelsfirma nach Bodenwerder. Dieses Handelshaus hat einmal 200 Himten von mir bezogenen Saathafer nach Rumänien geliefert, woselbst eine neue Landwirtschaft nach hiesigem Muster gegründet wurde.

Ich bin in der Lage, die Durchschnittserträge der damals angebauten Früchte anzugeben. Bis zur Ablösung des gutsherrlichen Zehnten war es erforderlich, den Wert desselben zu ermitteln. Für beide Parteien wurde der Durchschnittsertrag amtlich berechnet. Es wurden dabei jeweils 18 Jahre zugrunde gelegt.

Von 1818 bis 1836 betrug der jährliche Ertrag je Morgen = ¼ Hektar:

Roggen	9	Himten =	198	Kilo
Weizen	7	Himten =	164½	Kilo
Gerste	14	Himten =	252	Kilo
Mengkorn	14	Himten =	210	Kilo
Hafer	12½	Himten =	150	Kilo
Erbsen	6	Himten =	150	Kilo
Rauhzeug	8½	Himten =	165	Kilo
Linsen	5½	Himten =	137½	Kilo
Wintersaat	4⅔	Himten =	93½	Kilo
Kartoffeln			2125	Kilo
Klee trocken			1000	Kilo
Esparsette			600	Kilo
Flachs			76	Bunde

Von da ab wieder 18 Jahre, also bis 1854, haben sich die Erträge um ¼ gehoben. Das ist wohl zurückzuführen auf die Unabhängigkeit vom Gute Hehlen und auf die guten Folgen der 1847 durchgeführten Separation, verbunden mit der Aufhebung des Weideganges und der Einführung der Stallfütterung.

Nach den nächsten 18 Jahren, also bis 1872, haben sich die Erträge um ⅕ gebessert. Es wurde intensiver gewirtschaftet, und durch die Einführung besserer Ackergeräte konnte der Boden besser gelockert werden.

Von dieser Zeit bis heute, also bis 1901, haben die Erträge einen großen Sprung gemacht. Das ist die Folge der stärkeren und intensiveren Viehhaltung mit dem Anfall von Stallmist und der Einführung des Zuckerrübenbaues vor 25 Jahren. Außerdem konnte künstlicher Dünger gekauft werden, vor allem kam sehr viel Chilesalpeter in Anwendung. Die Drillkultur wurde verbessert, und so stiegen die Erträge gegen die Mitte des vorigen Jahrhunderts beim Roggen um das Dreifache, 12–15 Zentner/Morgen, und beim Weizen, 13–14 Zentner, und beim Hafer, 12 Zentner, um das Vierfache.

Braunschweiger Getreide- und Productenmarkt

am 19. October 1887. Bericht von E. Moll.

Preise pro 1000 Kilogramm.

Weizen	140—148 Mk.	Bohnen	127—129 Mk.
Roggen	113—118 »	Kleine Erbsen	130—150 »
Landgerste	120—130 »	Victoriaerbsen	150—170 »
Chevaliergerste	130—145 »	Wicken	— »
Hafer	100—111 »	Lupinen	— »

Preise pro 100 Kilogramm.

Heu	5,00— 7,50 Mk.	Roggenkleie	8,20— 9,00 Mk.
Stroh	3,50— 4,20 »	Oelkuchen	12,40—13,00 »
Weizenkleie	8,20— 9,00 »	Mais	— »

Marktbericht: Erstaunlich, was es damals für Preise gab.

Linke Seite: Das Mähen mit der Sense.

Unten: Das Aufstellen der Garben war eine schwere und schweißtreibende Arbeit.

Der Weizen

Bis 1872 war hier nur eine Weizensorte bekannt und angebaut. Sie wurde als der „hiesige Weizen" bezeichnet und ist wohl seit uralten Zeiten hier angebaut worden. In der Zeit von 1870 bis 1880 wurde durch ein Handelshaus in Hameln eine schottische Sorte hier angeboten. Sie gab einen guten Ertrag und bürgerte sich so nach und nach ein. Eines strengen Winters jedoch widerstand sie dem Frost nicht und mußte umgeackert werden. Nun haperte es mit dem vermehrten Anbau dieser Sorte. Da wurde eine neue Sorte eingeführt, der Christweizen. Der sollte winterfest sein. Anfangs wurde er von den Bäckern und Müllern verschmäht. Seines reichen Ertrages wegen wurde er aber immer mehr angebaut und ist nun in ganz Deutschland verbreitet.

Der „hiesige Weizen", der zwar ein sehr edles und kläbriges Mehl lieferte, wurde nicht mehr angebaut. Er hatte ein kleines Korn und war in den Ähren einzeln. Der Christweizen dagegen hatte einen gedrungenen Ansatz in den vollen Ähren und ein dickes Korn. Diese Sorte wird seit 22 Jahren hier angebaut, ohne erheblich durch Frost gelitten zu haben. Sie wurde von Anfang Oktober bis Weihnachten gesät. Bei der Ernte fand man keinen Unterschied zwischen dem früh und dem spät gesäten Weizen. Selbst eine nasse Bestellung nach den späten Rüben schadete demselben nicht.

Der Winter von 1900 auf 1901 war außergewöhnlich streng. Der Weizen stand nach einer guten Herbstbestellung allenthalben so korrekt in den Reihen, daß es eine Freude war, die großen bestellten Breiten zu übersehen.

Anfang Januar hatten wir Frost bis 19 °C. Nach dem Auftauen des Schnees hatte die unbedeckte Saat eine verdächtige Farbe. Es schneite darauf wieder. Ende Februar taute der Schnee von den Äckern, und dann setzte ein starker Frost ein mit Temperaturen bis zu 24 °C und mit strengen Ostwinden. Danach war der Weizen wie vom Lande weggeblasen. Von den 31 Morgen mußten wir 23 Morgen umpflügen und mit Hafer bestellen. Dagegen war der gesamte Roggen kräftig grün geblieben. Der Roggen, den wir jetzt anbauen, Petkuser genannt, hat sich in unserer Gegend bewährt und bringt seit drei Jahren auffallend reiche Erträge. Der Weizen dagegen hat in der Ergiebigkeit seit einigen Jahren nachgelassen, trotz Bezugs von neuem Saatgut. Er wird vor der Ernte von dem sogenannten Rost befallen.

Da der Roggen zum Gedeihen erfahrungsgemäß weniger Dünger beansprucht als der Weizen, wird derselbe wohl in Zukunft vermehrt angebaut werden.

Die Bestellungsmethode war dieselbe wie beim Roggen. Im Frühjahr bekam der Weizen zu zweimalen Chilesalpeter und im Herbst Phosphorsäure. Der Unterschied in der Bestellzeit war, daß der Roggen um Michaelis gedrillt wurde, die des Weizens dagegen ¼ Jahr dauerte.

Die Gerste

In älteren Zeiten war viel Gerste angebaut. Meistens wurde sie zum Bierbrauen verwendet, indem dieselbe zu Malz verarbeitet wurde. Noch bis um 1860 wurde im Sommerfelde überwiegend Gerste angebaut. Mein Vater bestellte so gegen 25 Morgen. In den späteren Jahren zogen die Brauereibesitzer allerdings die Saalegerste vor. Hinzu kam dann, daß der Haferertrag zunahm und dadurch der Gerstenanbau immer mehr zurückging.

Die Gerste folgte auf das Winterfeld. Es wurden etwa ⅔ des Sommerfeldes mit Gerste bestellt. Im Herbst wurde

12 cm tief gepflügt. Das Land blieb in der rauhen Furche über Winter liegen.

Im Frühjahr war als erstes im Brachfelde noch sehr viel zu schaffen. Der im Winter angesammelte Hofmist wurde erst dann ausgebracht, wenn er zu Erbsen und Rauhzeug eingepflügt werden konnte. Das dauerte oft bis gegen Ende April, bis die Arbeiten im Brachfelde abgeschlossen waren. Darauf zog alles in das sogenannte Wendefeld. Das im Herbst gepflügte Stoppelfeld mußte um 3 cm tiefer gepflügt werden. Man nannte dieses das Wenden. Jetzt wurde das Feld doppelt, manchmal auch dreifach geeggt. Diese Eggenarbeit wurde das Bonten genannt. Nachdem auch dieses vollbracht war, begann man, 10 cm tief zur Saat zu pflügen. Es wurde nicht mehr gepflügt, als am gleichen Tage gesät werden konnte. An sonnigen Tagen wurde sogar das am Morgen Gepflügte noch vor Mittag gesät, um die wenige Feuchtigkeit zum Auflaufen zu erhalten. Durch das wiederholte Rühren des Bodens konnte er sehr ausgetrocknet sein. Von der Winterfeuchtigkeit war längst nichts mehr vorhanden.

Die Saatzeit war in der Regel vom 12. bis zum 24. Mai. 2½ Himten, das sind 100 Pfund, pro Morgen wurden breitwürfig ausgesät. Die Saat wurde so wie auch das andere Getreide eingeeggt: Einmal lang, einmal schräg und zum Abschluß zweimal lang, nicht weniger und nicht mehr. Die Gerste keimte schnell und war nicht selten am drittem Tage schon aufgelaufen. War sie einen Finger lang, dann wurde der Acker gewalzt. Man bezeichnete dieses als das Anwalzen.

Erst nachdem Roggen und Weizen geerntet waren, war auch die Gerste soweit. Als Zeichen der Reife galt, daß der Halm einen Knick bekam. Man sagte, sie hat das erste Knie. Die Gerste wurde, so auch die Wintersaat, Rübsen und Hafer, in Schwaden gemäht. Dazu brauchte man ein

Gerät, welches das Haferzeug genannt wurde. Dieses Hafergeschirr wurde in Grave gemacht und auch dort repariert, wenn es schadhaft war. Es wurde aus feinem jungen Eschenholz gefertigt. Der Baum war etwa einen Meter länger als ein gewöhnlicher Grassensenbaum. Daran wurde die 1¼ Meter lange Wetzesense befestigt. Diese Sense hatte eine ähnliche Form wie eine gewöhnliche Dengel- oder Kloppesense. Sie war bloß doppelt so schwer. Über der Sense war an dem gradgängigen Baum ein sogenannter Korb angebracht. Er bestand aus drei Stäben, die 1¾ Meter lang und etwa 2 cm dick waren.

Um den Fangkorb zu bilden, wurden sie in kochendem Wasser entsprechend gebogen. Durch diese Bügelstäbe des Korbes gingen mehrere 1 cm starke Sprossen von unten nach oben. Damit konnte der Fangkorb hoch oder niedrig gestellt werden. Außer Gebrauch wurden die eingespannten Bügel abgespannt, um die Elastizität zu erhalten. Für die rechte Hand des Mähers war am Sensenbaum ein handlicher Griff angebracht. Den linken Arm schob man durch einen Gurt von starkem, aber weichem Gewebe, der mit einer Schnur unten am Baum, in der Nähe des Korbes, befestigt war. Der Gurt lag über dem Unterarm der linken Hand, die den Baum umfaßte. Hinter dieser Hand war der Baum noch ½ Meter länger. Daran war die Sensenstreiche befestigt. Ein gelernter Mäher konnte durch richtige Stellung und Handhabe der Sense auch durch den rechten Zug durch das Korn und den Auswurf des im Korb gefangenen Getreides ein sehr schönes und stumpfes Schwad legen. Ein Sensenzug nahm gewöhnlich 2½ Meter weg. Mit Ansatz und Auswurf dauerte er so lange wie zwei gewöhnliche Sensenhiebe.

Beim Ansatz mußte der Baum des Hafergeschirres auf dem Oberschenkel des rechten Beines balancieren. Gewöhnlich waren auf den Bauernhöfen zwei oder drei Mäher nebeneinander. Das Instrument machte ein brummendes

Geräusch beim Zug durch das Korn, da der untere Korbbügel von der Spitze etwa 15 cm lose auf derselben tanzte.

Auf einen Mann wurden pro Tag so 2½ bis 3 Morgen gerechnet. Zu Mittag waren gewöhnlich ⅔ geschafft, da die Mäher morgens um zwei Uhr zu Felde gingen. Ich selbst habe einmal in meinen zwanziger Jahren einen Acker von 3¼ Morgen, der früher reif war, allein an einem Tage gemäht. Dieses Mähen wurde auch „die Großmutter schleppen" genannt. Auch der Erfinder des Geschirres wurde mitunter verwünscht, wenn beim Mähen etwas haperte.

Die Gerste blieb acht Tage im Schwad liegen. Es wurde gern gesehen, wenn sie einmal naß wurde, dann ließ sie sich leichter dreschen. Zum Einfahren wurde sie mit den gewöhnlichen Heuharken aufgewalkt und die Walke in Seile gelegt. Der Einleger tupfte das Sturzende auf, das war das Einschlagen, und drückte es dann sanft im Seile fest. Der Binder hatte einen kleinen Knittel, Bindestock genannt. Der war 30 cm lang und 3 cm stark und an einem Ende kulpig zugespitzt. Er nahm das ihm zu Füßen liegende Seilende in die linke Hand, drückte mit dem Knie die Walke zusammen und zog das andere Seilende mit der rechten Hand herüber. Beide Seilenden wurden ins Kreuz gezogen, und mit der linken Hand wurde diese Kreuzschleife festgehalten. Mit der rechten nahm er nun den Bindestockgriff, schob ihn durch das Seil, drehte einmal rum und schob das Seilende durch einen Schupp unter das Seil. Ein solches Bund, Schob genannt, war so fest gebunden, daß man nur mit Mühe einen Finger unter das Seil schieben konnte. Beim Dreschen wurden die gleichen Seile wieder zum Strohbinden benutzt.

Auf einer gewöhnlichen Scheunendiele von etwas über 20 Meter Länge wurden 20 solcher Schöbe zu einer Dreschlage angelegt. Das Ährenende, Fittich genannt, zur Wand gekehrt. Darauf kam die nächste Lage. Der Fittich etwa 25 cm tiefer auf das Sturzende. Vier solcher Fittiche waren eine „volle Lage".

Beim Flegeldrusch wurde beim erst angelegten Fittich angefangen und nach oben gedroschen. Den zweiten Fittich herunter, auf den dritten hinauf und den vierten wieder herunter. Es wurde zur Zeit zu dritt oder auch zu viert gedroschen. Die Flegelschläge mußten dicht beieinander liegen, damit auch keine Stelle übrigblieb.

Nun wurde die Lage mit dem Handstock des Flegels gewendet. Hinter jedem Fittich wurde mit der Harke hergezogen und die abgefallenen Ähren oben drauf geworfen.

War nun die gewendete Lage ebenfalls, so wie das erste Mal, durchgedroschen, dann wurde sie zum Binden des Strohes aufgeharkt.

Das Ausharken war auch eine besondere Fertigkeit. Durch Hin- und Herziehen mußte dem noch im Stroh hängenden Korn Zeit gelassen werden, damit es zur Erde fallen konnte.

Die Gerste war wegen ihrer Finten, die jedes Korn an seinem oberen Ende hatte – diese Grannen waren bis 12 cm lang –, sehr schwer zu dreschen. Auch die mageren Körner des Nachwuchses gingen sehr schwer vom Stroh.

Es wurde gesagt, wenn man von dem gedroschenen und ausgeharkten Stroh eine Handvoll fasse und zu beiden Seiten an der Hand stumpf abschnitte und diese Handvoll auslesen würde, dann fände man noch sieben Gerstenkörner. Ich habe das mal ausprobiert und dieses Stroh auf eine Schaufel getan. Ich fand darin noch neun Gerstenkörner. Es waren allerdings schwächliche und zum Teil nicht voll gewachsene Körner. Damals wurde aber alles Getreide nach Maß verkauft, und so hatte dieses Manko doch seinen Wert.

Nach dem ersten Müllern der Druschgerste wurde dieselbe 8 bis 10 cm hoch auf der Tenne ausgebreitet. Darauf ging

man noch einmal mit drei oder vier Flegeln dran und
drosch die Gerste derb durch, um noch mehr Gräten oder
Finten zu brechen. Die Finten ließen sich nicht verfüttern
und kamen auf den Komposthaufen. Nach nochmaligem
Müllern war die Gerste dann zum Gebrauch und zum
Verkauf fertig.

Der Hafer

Von allen angebauten Früchten hat der Hafer durch zweckmäßigere Bestellungsweise und wiederholten Bezug von
neuer Saat im Ertrage am meisten gewonnen und ist auch
im Handel eine begehrte Frucht. Die Bestellung war dieselbe wie bei der Gerste. Der Hafer stand nach Roggen
oder Weizen. Nach der Ernte wurden die Stoppel gestrekt
und klar geeggt. Vor Winter mit den neueren Pflügen, die
mit einem Vorschäleisen versehen, tief gepflügt. Es war
eine Freude, im Frühjahr ein solches Feld zu sehen: Es war
rein und durchfroren. Die Bestellungsweise war vom Großvater auf den Vater und auf den Sohn übergegangen. Hätte
man jemand gewagt, etwas zu verändern, dann wäre er für
verrückt erklärt worden.

In einer landwirtschaftlichen Zeitung las ich von einer
neuen Bestellungsweise des Sommerkornes. Ich machte
zuerst an einer entlegenen Stelle einen Versuch mit diesem
neuen Verfahren. Das war sehr viel einfacher. Der Hafer
wurde gleich auf das im Herbst gepflügte Land breitwürfig
geworfen und wurde dann mit den Schottischen oder Löf-
feleggen eingeeggt und anschließend mit den gewöhnlichen
Eggen klar geeggt.

Bei der Ernte waren die Schwaden voller und schwerer als
die nebenan am gleichen Tage nach mehrmaliger Bearbeitung bestellten. Im darauffolgenden Frühjahr bestellte ich
die Hälfte des Hafers auf obige Weise. Bei der Ernte zeigte

sich derselbe gute Erfolg. Ich zeigte nun meinen Nachbarn und den älteren Leuten diesen ins Auge fallenden Unterschied. Von da ab habe ich mein Sommerkorn nur noch nach diesem neuen Verfahren gesät.

Der Boden war durch den Frost mürbe, und man konnte auch früher säen. Die Winterfeuchtigkeit hielt sich im Boden, die vorher durch das viele Bearbeiten verlorenging.

Ich war damals Deputierter in unserem Landwirtschaftlichen Amtsverein. Auf einer Herbstversammlung brachte ich die Frage der Bestellung des Sommerkornes auf die Tagesordnung der nächsten Herbstversammlung, die in Hehlen stattfand. Ich hielt daselbst einen Vortrag über meine Erfolge und erklärte die Methode. Unterstützt wurde ich durch den Vereinsvorsitzenden, einen Wanderlehrer aus Braunschweig, der besonders betonte, daß es sehr zweckmäßig sei, das Stoppelfeld nach der Ernte, vor dem Herbstpflügen, zu schälen. Leider durften wir die Roggenstoppeln wegen der Schafweide nicht streken. Dieses Verbot wurde aber bald aufgehoben, als nach der Separation die Schäferei hierorts aufgegeben wurde.

Die Ernte des Hafers war eben dieselbe in ihrer Art wie bei der Gerste. Den Zeitpunkt der Reife erkannte man vor drei Jahrzehnten daran, wenn beim Mähen etwa ¼ so weit war, daß ein Teil davon ausfiel. Die Hälfte mußte gelbreif sein, und ¼ war noch grün.

Es wurde aber viel gesündigt und der Hafer zu früh gemäht, um keinen Ausfall zu haben. Die Folge war, daß dann die Körner zusammenschrumpften und zu leicht waren. Damals wog ein Himten gewöhnlich 20 Pfund. Das sind ⅓ weniger als in der heutigen Zeit. Auch der Ertrag ist gestiegen. In der ersten Hälfte des 19ten Jahrhunderts brachte er 12½ obiger Himten von einem Morgen (¼ ha).

Der Hafer wurde, so wie die Gerste, mit dem Haferzeug ins Schwad gemäht. Wegen der vielen grünen Körner mußte selbiger mehrere sonnige Tage haben und mußte auch gewendet werden, bevor er aufgewalkt, in Schöbe gebunden und eingefahren werden konnte.

In den letzten zwei Jahrzehnten, nachdem der Hafer schon reichlichere Erträge gab, wurde selbiger mit den gewöhnlichen Sensen in Wälke gemäht. Danach wurde er abgenommen, gebunden und in Haufen gesetzt. Die Stoppel wurden nachgeharkt und das Härkelse zwischen die Haufen gebracht. Diese neue Methode hatte einen großen Vorteil. Die Säfte in einem aufgerichteten Bund ziehen stets nach oben und kommen so den Körnern zum völligen Ausreifen zugute, wogegen das flach in Schwaden oder Walke gelegt sofort dörrt und abstirbt.

Was da erst zugehört, daß manche Leute sich von dem Herkömmlichen abwenden, habe auch ich erfahren. Nachdem ich schon etwa zehn Jahre meinen Hafer nach diesem neuen Verfahren erntete, waren noch nicht alle davon überzeugt. Dieser oder jener war immer noch der Meinung, der Hafer müsse erst längere Zeit an der Erde liegen, sonst ginge er beim Dreschen nicht vom Stroh.

Der Hafer ist nun wegen der hohen Erträge und wegen des guten Preises eine sehr lohnende Frucht. Gegenwärtig liegt der Durchschnittsertrag bei 600 Kilo je ¼ ha oder je Morgen. Vor 50 Jahren erntete man nur 120 kg. Damals mußte man fünf Morgen anbauen, um den Ertrag von einem Morgen heute zu ernten.

Das Mengkorn

Mengkorn bestand aus ⅔ Hafer und ⅓ Gerste. Es wurde, als noch Gerste gesät wurde, im Sommerfelde auf etwa ¹⁄₁₀ der Fläche angebaut. Die Gerste im Hafer hatte eine besonders gute Art im Gedeihen. Dieses Korn wurde nicht gedroschen. Es wurde während der Herbstsaatzeit zu Häcksel für die Pferde geschnitten.

Die Erbse

Die Kocherbse, auch Weißerbse genannt, spielte zur Zeit der Dreifelderwirtschaft im Brachfelde eine Hauptrolle. Sie nahm ein Viertel des Brachfeldes in Anspruch. Sie war die erste Frucht, die im Frühjahr der Erde anvertraut wurde. Sobald der Frost aus der Erde heraus war, wurde auf die Haferstoppel der Mist gefahren und untergepflügt. Auf die heile Furche wurden 2½ Himten, das sind 37,5 kg, pro Morgen breitwürfig gesät und eingeeggt. Bis 1860 war es immer dieselbe Frucht. Weil sie aber im Laufe der Jahre ausartete, wurde selbige öfter aus fernen Ortschaften zur Saat genommen. Es waren häufig ähnlich große schwarze Wicken in dem Bestande, und die mußten im Winter bei der zur Saat bestimmten Erbse ausgelesen werden.

Später wurde dann die Victoria-Erbse angebaut, die die kleine Erbse so nach und nach verdrängte. Sie war ergiebiger und ließ sich auch gut weichkochen. Auch im Geschmack war sie besser. Die Victoria-Erbse keimte aber nicht so leicht wie die kleine Erbse. Es kam ihr daher zugute, daß schon vereinzelt Drillmaschinen angeschafft wurden. Diese Erbse wurde eine Zeitlang sehr begehrt. Sie stand im Preise um ein Viertel höher als der Weizen.

Die Reife der Erbse erkannte man daran, daß das Stroh anfing, gelblich zu werden, und die Körner derselben voll gewachsen waren und sich fest anfühlten. Überreif ließ man sie nicht gerne werden, des Futterwertes des Strohes wegen. Auch zum Kochen soll sie, in der Gelbreife gemäht, besser sein.

Die Erbse ist von der Wurzel aus ein rankenartiges Gewächs. Sie lag beim Reifen schon flach in einer Richtung am Boden.

Beim Mähen fing man so an, daß die Richtung des Lagers nach links war. Wenn man mit dem linken Fuß auftrat, zog man mit der linken Handhabe einen Teil der Erbsen hoch. Trat man mit dem rechten Fuß auf, so haute man das Aufgehobene mit der rechten Handhabe ab. Das ging dann so: Links ein, rechts zwei, etwa fünfmal. Dann hatte man 1½ bis 2 Meter zurückgelegt. Nun ging man rückwärts und zog das Abgehauene mit dem Mahthaken der linken Hand zurück und half mit der rechten Handhabe nach. Auf diese Weise bekam man ein Walk. Dieses Walk setzte man mit beiden Handhaben in eine Reihe. Gewöhnlich wurden auf einem Mäher pro Tag ½ Morgen gerechnet.

Die Sichsensen waren leichte Sicheln, und sie wurden auf einem gewöhnlichen Wetzstein geschärft.

Aus älteren Zeiten waren noch Sichte vorhanden, die um ein Teil schwerer waren. Die alten Leute erzählten, sie hätten früher auch den Roggen damit gemäht, und die Bunde wären recht stumpf gewesen. Die Ortschaften Daspe und Heyen hätten damals gemeinschaftlich erst im Dasper Felde acht Tage in der Heyer Feldmark gemäht. Auch gegenwärtig reift der Roggen im Dasper Felde etwa eine Woche eher als in Heyen.

Bei einigermaßen Sonnenschein trocknen die Walke der Erbse sehr leicht. Sie wurden bei gutem Wetter einmal gewendet und konnten schon am vierten Tage eingefahren werden.

Waren selbige zum Einfahren trocken, dann wurde auch nicht gezögert. Kam plötzlich anhaltender Regen, so war die Entwertung sehr groß. Das Stroh verlor seinen Futterwert, und die Frucht selbst hatte nicht mehr das weißgelbe Aussehen. Nicht selten hatte sich in einzelnen Körnern der Keim entwickelt, und diese waren als Kochware nicht mehr zu verwerten.

In den letzten Jahren kam man auf die Idee, die Erbsen, nachdem sie nach dem Mähen abgewelkt waren, auf Kleereuter zu bringen. Hier trockneten sie sicher und gut, denn die Luft zog von unten durch.

In den letzten zwei Jahrzehnten wurde die Victoria-Erbse wegen des guten Preises vermehrt angebaut. Zur Saat wurde der Boden mittels besserer Geräte gut vorbereitet und nach der Saat schlicht gewalzt. Das Mähen war nun auch nicht mehr so zeitraubend, da die Erbsen mit den gewöhnlichen Sensen gemäht und mittels Harken in Walke gezogen wurden.

Der Durchschnittsertrag lag in den Jahren 1820 bis 1838 bei drei Zentnern pro Morgen. Heute ernten wir im Durchschnitt zehn Zentner vom Morgen. Die Erbse, als stickstoffsammelnde Frucht bekannt, hinterläßt den Acker derart, daß jede Frucht danach gut gerät.

Das Rauhzeug

Diese Frucht ist mir noch aus meiner Jugend bekannt. Sie ist die Vorgängerin der so um 1860 eingeführten Bohne.

Das Rauhzeug, auch graue Erbse genannt, hatte einen spärlicheren Schotenansatz als die Erbse. Die Körner hatten wegen der gedrungenen Lage in den Schoten zwei platte, hellgraue Seiten, die mit feinen dunklen Pünktchen koloriert waren. In Blatt und Rankenwuchs unterschied sie sich nicht von der Erbse. Nur in der Blüte. Während die Erbse weiß blühte, zeigte die graue Erbse eine wunderschöne, tiefrote und violette Blume.

Bis etwa 1860 wurde das Rauhzeug mit ¼ der kleinen schwarzen Bitterwicke breitwürfig ausgesät. Es wurde gewöhnlich für die Pferde mitgehäckselt.

Die Bohne

Diese Frucht wurde erst so ab 1860 hierorts angebaut. Zuerst wurden Versuche mit der großen Bremer Bohne, auch Saubohne genannt, gemacht. Selbige schlugen jedoch fehl, weil sie wenig Korn lieferte. Darauf bauten wir die Thüringer, auch kleine Pferdebohne genannt, an. Nach und nach wurde der Saat Bitterwicke beigemischt.

Auf einen Morgen wurden drei Himten, das sind 75 kg, Bohnen breitwürfig auf die heile Furche gesät und eingearbeitet. Vor dem letzten Eggenzuge kamen noch etwa 6 kg von der kleinen Wicke breitwürfig auf das Land.

In den ersten Jahren des Anbaues wurde die Bohne noch mit dem Hafergeschirre gemäht. Nachdem sie nach einigen Tagen aufgewalkt war, wurde sie in kleine Bunde gebunden und in Haufen gesetzt. Diese standen so lange im Felde, bis die Bohne hart war. Die Bohne ist ein wertvolles Viehfutter. Sie wird sowohl zur Schweinemast verwendet als auch, grob geschrotet, in der arbeitsreichen Zeit dem Pferdefutter zugemischt.

Die Bohne war aber eine unsichere Pflanze. Oft wurde sie in und nach der Blüte befallen. Wir sind nun ganz vom Anbau derselben abgekommen und haben der Victoria-Erbse den Vorrang gegeben. Außerdem kann man jetzt die Bohnen um ein Viertel billiger als Erbsen als Viehfutter kaufen.

Die Linse

Es gab eine große, eine mittlere und eine kleine. Letztere wurde hierorts und Umgebung angebaut. Gewöhnlich säte jeder Landwirt für seinen eigenen Bedarf. So bis zur Mitte des vorigen Jahrhunderts wurden sehr viel Erbsen und Linsen zur menschlichen Nahrung im Haushalt verbraucht. Es galt als eine Schmach für den Landwirt, wenn er von seinem Nachbarn Linsen kaufen mußte. Ein jeder, vom Vollmeier bis zum Brinksitzer, hatte sein Stück Linsen im Felde. Bei der damaligen Dreifelderwirtschaft hatte auch jeder im Brachfelde ein dazu passendes Stück. Wo andere Früchte nicht mehr gediehen, gab die Linse noch einen lohnenden Ertrag. Es durfte aber nicht zur selbigen gedüngt werden.

So um 1870 baute ich ein bis zwei Morgen zum Verkauf an. Der Ertrag lag so um 17 Himten zu 25 kg. Ich verkaufte sie in Hameln zum Preis von 9 Mark für 25 kg. Damit die Linse auch weichkochte, mußte sie in der Gelbreife gemäht werden.

In dem letzten Jahrzehnt ist der Linsenanbau ganz eingegangen. Der schlechte Boden wurde durch die neuere Kultur für den Anbau der Linse untauglich. Sie würde jetzt zu sehr treiben und nur wenig Frucht ansetzen. Den immer weniger gewordenen Verbrauch versorgen jetzt die Kaufleute.

Die Wintersaat

Die Wintersaat, auch Rübsen genannt, wurde bis so um 1875 im Brachfelde nach Gerste angebaut. Auf Vollmeierhöfen wurden so sieben bis zehn Morgen angebaut.

Nach Abernten der Gerste wurde die Stoppel gepflügt und feingeeggt. Darauf wurden breitwürfig 2 bis 3 kg je Morgen ausgesät und eingeeggt. Die Saat lief bald auf und wurde dem Wechsel der Herbst- und Winterwitterung überlassen. Je nachdem sich die Witterung im Frühjahr gestaltete, trat die Reife gewöhnlich von Anfang bis Ende Juni, nach der ersten Heuernte, ein.

Gemäht wurde morgens im Tau mit dem Hafergeschirr. Da die Schoten leicht aufsprangen und die kleinen schwarzen Körner ausfielen, gingen die Mäher gewöhnlich morgens um zwei Uhr zum Felde an ihr Tagewerk. Um vier Uhr kamen dann die Tagelöhnerfrauen, Mägde, Kleinknechte, und was sonst noch zur Verfügung stand, zum Aufwalken und Binden. Der Rübsen wurde in einfaches Stroh in kleine Bunde gebunden und reihenweise in zehnbundige Haufen gestellt. Statt des Nachharkens, wie bei den übrigen Früchten üblich, wurde der Acker vorsichtig abgelesen.

Das Binden und in Haufen Stellen wurde noch bis so 1850 beibehalten. Diese Methode war von jeher Brauch, weil bis 1838 der Gutsherr erst den zehnten Haufen nahm, ehe eingeerntet wurde.

Später wurde die Wintersaat nach dem Mähen in Walke gezogen und und mit einer Gaffel (Holzgabel) sanft zu einer Spur zur Seite gelegt. Auf diese Weise fiel nicht so viel aus wie beim Binden. Nach ein paar Tagen wurde der Rübsen aufgeladen. Die Erntewagen waren mit einem Schlaghaken ausgelegt. Zum Laden hatte man auf jedem Hof besondere Gabeln. Diese wurden auch beim Laubaufladen im Walde benutzt. Die Fuder waren nur etwa 2 m hoch, damit nichts ausfallen konnte. Es wurden gewöhnlich zwei Fuder auf die abgekramte und sauber gefegte Scheunendiele geholt. An den beiden Enden blieben 1 bis 2 m frei. Die Bunde, nachdem sie losgebunden, oder die Walke, etwas losgeschüttet, wurden mit dem Sturzende nach unten und den Schoten nach oben aufgestellt. Das machten gewöhnlich zwei oder drei Arbeiter. Hatten sie einige Meter gesetzt, dann wurde die gesamte Masse stramm ineinandergeschoben, bis die Lage voll war.

Jetzt wurden die Pferde gezäumt. Zwei oder drei Mann nahmen jeder zwei Pferde. Auf das eine setzte man sich, und das andere nahm man am Zügel. Das Bereiten der Lage war immer eine belustigende Arbeit, namentlich für die Jungen. Sie fanden sich von der Straße dazu ein und ritten mit. Auf der einen Seite hinauf und auf der anderen Seite hinunter, auch umgekehrt: Statt linksherum rechtsherum. Nach einer halben Stunde wurden die Pferde draußen an einen Erntewagen angebunden, und die Lage wurde mit Mistgabeln umgearbeitet und von neuem beritten, bis man keine heilen Schoten mehr fand. Jetzt wurde sie wieder losgearbeitet und mit den leichten hölzernen Schüttegüsseln (aus Weidenholz gefertigtes Gerät mit einer Astgabel) sorgfältig aufgeschüttet. Das Stroh kam ins Fach oder auch gleich vor die Tür als Streu. Das Gezweig und auch die Schoten lagen nun etwa einen halben Meter hoch auf der Tenne. Nun wurde wiederholt durchgeschüttet und die Spreu abgesackt und vor die Scheune zum Streuen gebracht. Jetzt lagen nur noch die Schoten und der Samen etwa 40 cm hoch am Boden. Sie wurden auf einen großen Haufen am Ende der Tenne geschoben. Jetzt folgte eine höchst zeitraubende Arbeit. Der Berg mußte gesiebt werden. Zuerst mit dem Bohnen- oder Erbsensieb. Da blieb schon die Hälfte der Schoten übrig und wurde beiseite geschafft. Darauf mit dem Radensiebe. Was übrigblieb, hatte schon ein dunkles Aussehen. Das wurde in Säcken auf den Boden getragen und dort ausgebreitet, damit es sich nicht erhitzte. Die Diele wurde nun sorgfältig abgefegt, bevor eine neue Lage angerichtet wurde, damit keine Körner zertreten wurden.

Diese Siebarbeiten mußten sorgfältig gemacht und konnten nicht jedem anvertraut werden. Auch die Hausmutter fehlte dabei nicht, denn sie verstand es aus Erfahrung am besten. War sie dabei, konnte der Mann dreist mit zu Felde ziehen.

Den Sieben mußte nicht nur eine wechselnde Bewegung gegeben werden, sondern auch der Inhalt auf dem Siebe mußte durch Schwenken losgemacht und durchrieben werden. Dieses von altersher übliche Sieben hatte alsbald ein Ende.

Ich hatte Verwandte in Tündern. Dort wurde der Anbau von Rübsen stark betrieben. Die dortige Feldmark ist von der Natur sehr begünstigt. Die Landwirte hatten gemeinschaftlich ein Gestell mit Zylinder, auf dem in Zeit von

Stunden Saat und Schalen getrennt wurden. Das Gestell wurde zum Gebrauch von der einen Diele zur anderen getragen.

Der Zylinder war schräg gestellt und wurde gedreht. Die Schalen stürzten vorne heraus, während die Saat durch die Maschen unter den Zylinder fiel und zum Müllern bereit lag. Ich lieh mir den Zylinder von dort aus. Wir hatten den ganzen Berg von Schalen noch am Platz und wurden an einem Tage damit fertig. Sonst hatten vier Personen eine ganze Woche damit zu tun. Ich fand, daß der 2½ m lange und 70 cm weite Zylinder zu viele Quersprossen hatte, die das regelrechte Rutschen der Masse hinderten. Bei noch so sorgfältigem Sieben fand man noch Saat in den Schalen.

Noch ehe die Ernte wiederkehrte, hatte ich ein Gestell mit Zylinder selbst gebaut. Es war mit einigen Verbesserungen versehen. In den nächstfolgenden Jahren wanderte selbiges von der einen Scheune zur anderen. Selbst nach Hajen wurde es geholt.

In der Zeit, als das Petroleum noch nicht bekannt war, hatte jeder Müller auch noch eine Ölmühle. Das Rüböl war zu Beleuchtungszwecken unentbehrlich. Der Rübsen hatte auch immer einen guten Preis, gewöhnlich das Doppelte der Brotfrucht. Noch vor der Roggenernte geliefert, war der Betrag dafür in dieser Jahreszeit für jeden sehr angenehm.

Ein Himten gute reife Saat – man erkannte die Güte an dem tiefschwarzen Aussehen – wog 20 kg. So etwa fünf Himten behielt jeder Landwirt zum sogenannten Schlagen, zum Brennen und für den Haushalt zurück. Bei Bedarf wurde jedesmal ein Himten im Sacke neben einer irdenen Kruke zur Mühle gebracht. Der Müller behielt für das Schlagen einen gewissen Teil von dem Öl. Im Sack bekam man den Ölkuchen zurück.

In so einer Ölmühle sah es wunderlich aus. Säcke, Pullen und Kruken lagen durcheinander herum. Göpelmühlen gab es in Sievershagen, in Hehlen, Bodenwerder, Linse und Hajen. Wenn man sich betrogen fühlte, ging man von der einen Mühle zur anderen. Es hieß dann auch: Es muß mal wieder ein Himten Gerste nach der Mühle zu Graupen und Grütze. Später wurde dies beseitigt. Man holte Öl, Graupen und Grütze nach Gewicht, wo man es am vorteilhaftesten kaufen konnte.

Um das Jahr 1877 hörte hierorts der Rübsenbau ganz auf, da der Preis zu sehr gesunken war. Aus Amerika wurde Petroleum sehr günstig eingeführt.

Die Kartoffel

Diese Erdfrucht war in Europa seit 1760 bekannt. Der richtige Name war Erdtoffel. Sie stammt aus Amerika. In Chile und Peru soll sie als wildwachsende Staude bekannt gewesen sein. Sie wurde von einem Engländer, Franz Drake, nach Europa gebracht.

Was ich über den Anfang des Anbaues erfahren habe, sei hier mitgeteilt. Meine Mutter, aus Latferde gebürtig, erzählte, sie hat es von ihren Eltern gehört, daß ihr Großvater mal fünf Stück Kartoffeln von Hameln mitgebracht hat. Zwei wären von selbigem gekocht und drei gepflanzt worden. Das muß so um die Zeit um 1740 gewesen sein.

Ähnliches erzählte mein Vater, aus Esperde gebürtig, von dortigen kleinen Anfängen. Meine Großmutter hat 1800 hier in den Hof eingeheiratet. Als sie zum ersten Male mit ihren Eltern hier gewesen ist, hat der Bräutigam ihnen zu ihrer großen Verwunderung acht Sack Kartoffeln gezeigt, die sie im Herbst hier geerntet hatten. Es ist anzunehmen, daß das noch eine Ausnahme war.

Es soll verschiedentlich vorgekommen sein, daß sich einzelne über die schönen Blüten gefreut haben und die sich daraus entwickelnden Äpfel als die vermeintlichen Kartoffeln angesehen haben. Nach dem Kochen haben sie diese als völlig ungenießbar befunden. Als sie dann aber vorm Winter die Fläche umgraben wollten, haben sie die Knollen im reichen Maße vorgefunden.

In der Schule wurde uns 1840 von unserem Lehrer erzählt, daß ein preußischer König, genannt der Alte Fritz, den Kartoffelanbau in seinem Lande zwangsweise einführen wollte. Damit hatte er jedoch keinen Erfolg. Daraufhin habe Seine Majestät den Kartoffelbau als ausländisches Gewächs gänzlich verboten. Auf diese Weise soll der Anbau der Kartoffel so recht in Betrieb gekommen sein.

In meiner Jugend, so um 1840, war diese Frucht nicht nur reichlich zur menschlichen Nahrung angebaut und sehr geschätzt, sie war auch schon ein Industrie- und Handelsgewächs. Es gab Fabriken zur Stärkefabrikation und auch Brennereibetriebe.

In dieser Zeit waren hierorts zwei Sorten bekannt: Die Tilkesche und eine späte, Eldagser genannt. Letztere hatte eine plattrunde, gelbliche Knolle, und sie ergab einen sehr reichlichen Ertrag. Beim Kochen war sie ein wahres Wunder an Geschmack.

Die jetzt angebauten neueren und feineren Sorten haben nicht im entferntesten eine gleiche Eigenschaft. Beim Essen konnte man sie mit dem Löffel langziehen. Es war eine Delikatesse. Ein Sprichwort besagte, Säuglinge könnten mit dieser Sorte entwöhnt werden.

Die andere Sorte, die Tilkesche, war dagegen weißrund und lieferte volltragend dicke, weiße Knollen. Diese wurde zum Mästen der Schweine und zum Verkauf an die Brennereien verwandt, und außerdem war sie noch eine gute Eßkartoffel.

Ich entsinne mich des Jahres 1845. Damals lagen die Gärten außerhalb. Beim Hof waren nur die Obstgärten. Es wurde eine große Fläche Futterrunkeln, Kohl und sonstiges angebaut. Für Kartoffeln blieben nur 40 Ruthen, also ⅓ Morgen. Wir pflanzten die Tilkeschen. Beim Roden wurden sie in eine Bank (Miete) abgetragen. Diese mit Stroh belegt und dann mit Erde bedeckt. Im nächsten Frühjahr, im März, kamen Gespanne von der damaligen Ottensteiner Domäne und holten selbige zum Brennen von hier ab. Es waren 40 große Kornsäcke voll, je zu einem gehäuften Himten. Ein Himten Kartoffeln kostete acht Mariengroschen = 64 Pfennige.

Ein Jahr später war der Roggen auf der jetzigen Benteschen Koppel Nr. 4 weggemeeket (durch Würmer abgefressen). Es war ein ¾ Morgen Stück. Wir pflanzten, ohne zu pflügen, Tilkesche Kartoffeln. Vor der Separation (Flurbereinigung) war der Acker noch hochrägig und tieffurchig. Beim Roden hielt man den Korb an die Seite, und die dicken und runden Kartoffeln rollten an den Steilseiten nur so hinein. Zwei Wagen, abwechselnd beladen, fuhren sie weg, und wir mieteten sie im Obstgarten ein. Im darauffolgenden Frühjahr kamen Gespanne von der Wickenser Domäne und holten mehrere Fuder aus dem Obstgarten. Der Preis betrug für einen Himten 6¼ Groschen. Das sind 50 Pfennige. Trotz des niedrigen Preises wurden 61 Thaler, also 183 Mark, daraus erzielt.

Ich erinnere mich noch daran, daß im zeitigen Frühjahr die Gespanne von Orten hinter Pirmont (heute Bad Pyrmont) und auch vom Kloster Amelungsborn kamen und Kartoffeln holten. So ergiebige Ernten sind bei den heutigen Sorten (1901) nicht wieder vorgekommen. Der niedrigste Preis war in einem Jahr 44 Pfennige für einen gehäuften Himten.

Die Kartoffel gehörte damals als Zwischenfrucht ins Brachfeld nach Gerste oder Hafer. Waren letztere vom Acker abgeerntet, wurden die Stücke im Herbst von Kühen, Schafen, Gänsen und Schweinen abgeweidet. Im Frühjahr, nachdem alles übrige im Brachfelde bestellt war, wurde das zu Kartoffeln bestimmte Stück noch einmal spärlich mit aus allen Ställen zusammengebrachtem Mist gedüngt und derselbe untergepflügt. Das Feld war derzeit noch flachbodig, etwa 13 cm tief. Die Furche legte sich gut. Auf diese wurde reihenweise querüber gepflanzt. 65 cm zwischen den Hörsten und die gleiche Weite in den Reihen. Auch wurde das sogenannte Kleeblatt oder Dreieck gelegt. Waren die Kartoffeln aufgegangen und bildeten kleine Büsche, wurden sie mehrfach geeggt. Daran anschließend folgte eine kolossale (schwere) Arbeit: das Loshacken der Kartoffeln. Das wurde mit schweren, scharfen Hacken gemacht, die auch mit Nocken versehen waren. Wegen des verqueckten Bodens war das keine Kinderarbeit. Hackenschlagtief wurde durchgehauen. Kluten wurden mit der umgedrehten Hacke zerschlagen. Es wurde so derb gehackt, daß sich die jungen Hörste hoben. Jeder Hacker hatte zwei Reihen vor sich.

Später wurden die Hörste behäufelt. Jeder hatte dabei drei Reihen vor sich. Der Boden wurde, beim Horsten angefangen, feingehackt. Mit der linken Hand wurde das Kraut zusammengehalten, indem man mit der rechten Hand mittels der Hacke den Boden anzog und so weiter rechts um den Horst herum, bis aller Boden, der zu haben war, angehäufelt war. Man nannte solches das Herumtanzen.

Wenn so ein Kartoffelacker nach schwerer und zeitraubender Arbeit fertig war, dann war es eine Freude anzusehen, wie die Hörste in das Kreuz gepflanzt standen. Nicht allein querüber in Reihen, sondern auch nach allen Richtungen hin. Die Ernte der Kartoffeln begann, nachdem der Flachs und daran anschließend der Roggen geerntet waren. Die Hörste wurden mit schweren Grepen ausgehoben und die Kartoffeln eingesammelt.

Nach 1860 kam in die Bestellungs-, Hack- und Erntearbeit eine Wendung. Die Kartoffeln wurden nicht mehr querüber, sondern den Acker entlang in Reihen gelegt. Die Hörste standen nun etwas enger, und selbige wurden nicht mehr rund, sondern lang in Bänke behäufelt. Das war doch eine bedeutende Vereinfachung. Es dauerte nicht mehr lange, da wurde die Vereinfachung noch eine größere. So ab 1875 wurde der Ackerboden durch zweckmäßigere Geräte in eine tiefere Kultur gebracht und lockerer und humusreicher. Auch gab es weniger Unkraut. Nun standen die Hörste in den Reihen noch enger, etwa einen guten Hackenschlag entfernt voneinander.

Waren sie aufgegangen, wurden die Kartoffelflächen mit den nun schon vorhandenen eisernen Eggen geeggt und wohl auch gewalzt, wenn es nötig war. Nachdem sie reichlich in kleinen Büschen standen, wurden sie mit einem Krautpfluge reihenweise durchgezogen. Zuvor wurden sie quer in den Reihen zwischen den Hörsten gehackt. Die Kartoffeln standen nun rein und locker. Waren die Büschel etwa 25 cm hoch gewachsen, auch das Wetter passend, denn alle Pflege mußte bei trockenem Wetter geschehen, wurden von dem Krautpfluge die Messer abgeschraubt und das Häufelschar eingesetzt. Damit wurden nun die Hörste halb behäufelt.

Etwa zehn Tage später, die Kartoffeln waren weiter gewachsen, wurden sie nochmals durchgezogen. Das alles geschah so nebenbei mit einem Zugtier. Das war doch eine große Arbeitserleichterung gegen früher.

Die Kartoffeln standen nun rein, locker und fein in Reihen. Seit 1880 ist diese Methode so üblich. Es wurden auch von da ab mit einem eigens dazu konstruierten Pfluge die Reihen ausgepflügt, immer eine Reihe. Nachdem diese aufgelesen war, kam die nächste Reihe.

Waren alle Kartoffeln aufgelesen und abgefahren, dann wurde das abgeerntete Stück abgeeggt und abgelichtet, das Kraut beiseite gebracht und nochmals abgelesen. Darauf wiederholt geeggt und abgelesen. Dabei kamen noch viele Knollen zum Vorschein.

Seit 20 Jahren ist nun auf obige Weise beim Anbau der Kartoffeln verfahren worden. Schon um die Zeit um 1840 waren selbige weit verbreitet. Sie konnten jedoch nicht in dem Maße wie heutzutage angebaut werden. Die Kartoffeln waren schon damals wegen ihrer edlen Eigenschaften im Haushalt zur menschlichen Nahrung hochgeschätzt. Sie durften bei keiner Mahlzeit fehlen. Ein Sprichwort lautete: Kartoffeln sind das Feldgeschrei.

Es war so um die Jahre 1845 bis 1847, als eine totale Mißernte der Kartoffeln stattfand. Hierorts gewahrte man im Juni 1846, daß nach Sonnenuntergang bis zum Sonnenaufgang des anderen Morgens von den Kartoffelflächen ein bestialischer Gestank ausging. Das Kraut fing an den Spitzen der Blätter an zu vertrocknen. Nach und nach starb es ganz ab. Im Herbst, beim Roden derselben, fanden sich nur kleine Knollen vor. Alle, die sich schon weiter entwikkelt hatten und etwas dicker waren, waren schorfig. Der schwarze Schorf hatte die Knollen ganz durchsetzt. Beim Auflesen ließ man diese mit starkem Geruch behafteten Kartoffeln auf dem Acker liegen, denn man vermutete, daß diese auch dem Vieh schaden würden.

Auf feuchtem und auch auf kalkhaltigem Kleiboden waren sie gänzlich mißraten und wurden gar nicht geerntet. Von den geernteten Kartoffeln sonderte man die besten zum Pflanzen aus. Aber auch diese waren im folgenden Jahre wieder befallen.

Diese Krankheit kam ohne weitere Vorzeichen wie aus den Wolken gefallen. Alle Zeitschriften waren voll von dieser in ganz Deutschland verbreiteten Krankheit; sie wurde Kartoffelkrankheit genannt. Es wurde aber nicht bekannt, wodurch diese entstanden. Obwohl die trockensten und besten Äcker zur Bestellung genommen, waren die Ernten spärlich. Die Kartoffeln hatten auch keinen Geschmack. Es wurde gesagt, sie seien wie Seifenbrocken.

Die Folge war eine große Armut überall, denn auch die Brotfrüchte wurden teurer. Man sprach noch lange Zeit von den fünfziger Jahren. Man sagte, der Landwirt habe in dieser Zeit reichlich Einnahmen gehabt. Er erntete von allem, hätte Erbsen und Linsen und könnte Mehl zu Speisen verwenden. Dagegen hat er aber auch sehr viel aus der Tür gereicht. Ganze Scharen armer Leute waren unterwegs. Am ärgsten hatte es die Familien getroffen, die vom Stande, die sich schämten zu betteln. Erst ab 1858 wurde es so nach und nach mit der Kartoffelernte wieder besser. Eines Frühjahrs kam ein mit Kartoffeln beladenes Schiff weseraufwärts und hielt bei jedem Ort. Es wurden Pflanzkartoffeln, auch in kleineren Mengen, verkauft. Diese sollten widerstandsfähiger gegen die Kartoffelkrankheit sein.

Es waren runde, dicke Knollen mit roter Haut, Heidelberger genannt. Trotz des hohen Preises wurden sie angekauft. Die erste Pflanzung von dieser Sorte hatte einen unerwarteten Erfolg. Es waren zwar noch einzelne Knollen von dieser Krankheit befallen. Diese sonderte man beim Roden aus, damit sie die anderen im Lager nicht anstecken sollten, und verfütterte sie nach und nach an das Vieh.

Es dauerte keine zwei Jahre, da hatte jedermann solche zum Pflanzen. Sie hatten gute Erträge und eigneten sich zur menschlichen Ernährung. Diese Heidelberger Kartoffel, die vor 40 Jahren hier eingeführt wurde, hat sich bis auf den heutigen Tag gehalten, und ältere Leute können sich davon nicht trennen.

Seit zwei Jahrzehnten werden nicht weniger als 30 verschiedene Arten hier und in der Umgebung zum Pflanzen angeboten. Sogenannte frühe, mittelfrühe und späte. Bunte, Blaßrote, Rote Rauhe, Blaue Riesen und Weiße.

Walkersdorfer, Sievershauser, Kaiser, Eier und Nieren. Dabei werden noch fortwährend von den Kartoffel-Versuchsstationen viele neue Arten zum Pflanzen angeboten.

Die Kartoffelkrankheit, wie bereits erwähnt, war eine wirkliche Kalamität. Über die Entstehung und Versuche zur Beseitigung derselben sollen mehrere Bücher geschrieben worden sein. Durch neuere Forschungen ist erwiesen, daß diese Krankheit durch einen Pilz entstanden ist. Die Mißernten sind vergessen.

Namentlich die jüngeren Leute kennen sogar keine Kartoffelblumen mehr. Ich war einmal in Hameln. Es war Markttag, und ich kam in ein Gasthaus an der Weserseite, der großen Mühle gegenüber. Der Wirt hatte ein Büschel Kartoffelblumen, blaue, violette und weiße, in einem Glase vor dem Fenster stehen. Es kamen viele Leute in die Stube, und dieses mehrfarbige Bund zog viele Gäste an. Der Wirt, ein älterer Mann, sagte, sie möchten mal raten, was das für Blumen seien. Keiner kannte dieselben, außer mir und noch ein paar älteren Leuten.

Einmal ging ich auf der Bäckerstraße entlang. Da kam eine Frau mit einem Korb voll schöner, gesunder Kartoffeln aus dem Garten und setzte ihn neben sich. Eine andere Frau kam ihr entgegen. In überraschter Bewunderung und Dankbarkeit fielen sich beide vor Freude um den Hals. Für die alten Leute, die diese Kalamität damals empfanden, gibt es eine traurige Erinnerung. Manche Familienväter aus dem Stande, die sich geschämt hatten, Bemitteltere um Gaben anzusprechen, erzählten, als die Ernten wieder besser wurden, mit welcher Not man sich mit seiner Familie hatte durchschlagen müssen. Dazu kam noch das Jahr der Teuerung 1847. Der Himten Roggen, 23 kg, kostete eine geraume Zeit drei Thaler gleich neun Mark. Der Weizen war noch etwas darüber. Hülsenfrüchte, wie Erbsen, Linsen und auch Gerste als menschliches Nahrungsmittel, waren den Brotfrüchten entsprechend teuer.

In manchen Familien sollen sich Leute heimlich Heu feingeschnitten und gekocht haben, um ihren Hunger zu stillen.

Ein damals in Hehlen lebender Pastor verteilte in der Schule Strohbrot an die ärmsten Kinder. Dasselbe bestand aus geschnittenem Stroh, im Ofen getrocknet, dann gemahlen und gebacken. Der würdige Herr hat sehr viel in der Gemeinde getan, um den Hungrigen zu helfen.

Aus den größeren Ortschaften des Amtes Eschershausen sind des Morgens Kinder und Frauen ausgewandert, so bei dreißig bis vierzig, nach anderen Orten, um ihren Hunger zu stillen. Manche waren wohl darunter, die sich schämten, im eigenen Orte ihre Not zu klagen.

Von morgens acht Uhr bis zum späten Nachmittag verging wohl keine Stunde, daß nicht eine oder mehrere die Stubentür öffneten und hereinsahen, um ein Stück Brot oder auch um eine Mahlzeit Erbsen bittend. An manchen Tagen 17, 20 bis 25. Letztere war einmal die höchste Zahl an einem Tage.

Den Wert der Kartoffel hat die Menschheit jetzt so recht zu schätzen gelernt.

Der Flachs

Der Anbau des Flachses als Faserfrucht hat in den letzten drei Jahrzehnten rapide abgenommen. In den letzten zehn Jahren wird er nur noch vereinzelt in kleinen Parzellen angebaut. Mit dem Ende des 19. Jahrhunderts ist er sozusagen ganz verschwunden.

Es ist die Baumwolle, deren Produkte massenweise überseeisch nach hier gelangen und so den Anbau dieser Fruchtart nicht mehr lohnend macht.

Durch das Verschwinden dieser Gewächsart wie auch der Wintersaat hat unsere Feldmark einen seltenen Schmuck eingebüßt. Die Wintersaat hatte in ihrer Blütenpracht eine dichte Decke von goldgelber Farbe, der Flachs dagegen einen tiefblauen Flor. Beide erinnerten zusammen an unsere braunschweigischen Landesfarben. Der Flachs war noch bis in die fünfziger Jahre ein reines Industriegewächs. Es gab den frühen und den späten.

Den aus den Samenkapseln, Knutten genannt, gedroschenen Leinsamen säte man Ende März und erntete selbigen kurz vor der Kornernte Ende Juli. Das war der frühe. Er konnte aber auch Ende Juni gesät werden. Dann wurde er Ende September geerntet. Das war der späte. Der Frühflachs hatte aber Vorzüge vor dem späten. Der Ertrag war besser an Gewicht und Güte. Auch wurden früher im Garten Mohrrübensamen darunter ausgebracht, die im Herbst noch eine gute Ernte als Nachfrucht gaben.

Der Flachs verlangte bei der Bestellung ein festes und feines Saatbeet. Auf einen viertel Morgen, der wurde als ein Himten Flachs bezeichnet, säte man breitwürfig, nachdem vorher gewalzt war, ein Himten selbstgeernteten oder einen halben Himten Neulein. Der neue Lein kam aus Rußland und wurde hier von den Kaufleuten angeboten. Man benötigte davon nur die Hälfte für die Einsaat. Der Lein wurde dann flach durch einen Eggenstrich untergebracht.

Auf einem Vollmeierhof wurden gewöhnlich fünf bis sieben Himten, also 1¼ bis gegen zwei Morgen, gesät. Zugleich noch für jede Tagelöhnerfamilie je einen Himten, für die Mägde je einen Himten, auch wohl mal für den Großknecht einen Himten. Alles kam zusammen auf einen Acker und wurde beim Bestellen mit Krupbohnen bezeichnen. Selbige wurden alle fünf Schritte eingedrückt. Aufgegangen bildeten diese Büschel beim Ernten die Grenze.

Bevor ich die Arbeit am Flachse weiter beschreibe, führe ich alle Hantierungen auf: Der Flachs wurde gesät, gejätet und gezogen. Geränget, gerisselt, gerottet, darauf ausgewaschen, gespreitet und gewendet. Trocken eingeerntet, geboket, gebraket, geristet, geschabt, geschwungen und gehechelt. Die dazu erforderlichen Geräte waren folgende: Risselbaum mit Büschen (Kämmen), Rotteleitern, Treiten, Braken, Ristewoken, Schwingebrett, Hechelstuhl mit Grob- und Fein-Hechel und Garnricke.

Die Jätearbeit war sehr wichtig. Melle, Qualek, Rülek, Hederek, Rotehederek, Disteln und manches andere Unkraut schossen hoch und kamen bei der Ernte mit in den Bund und hinderten die Zubereitung. Feldmarek und Grünsing wurden dabei nicht berührt, denn es wurden sonst die kleinen Flachspflanzen mit ausgezogen.

Das Jäten raubte sehr viel Zeit. Vom Frühjahr bis in den Spätherbst wurde stets bei jeder Gelegenheit vom Flachse gesprochen. Auf dem Lande mußte jede Familie, ob reich oder arm, Flachs ernten. Bei Begegnungen oder bei Besuchen wurde stets gefragt: Habt ihr viel Kraut im Flachs? Die Mägde jäteten sich ihren Himtenanteil an den Sonntagnachmittagen.

Reif war der Flachs, wenn die Samenkapseln, die Knutten, anfingen, braun zu werden und der Halm, Harl genannt, eine hellgrüne Farbe bekam. Es war geraten, wenn selbiger ziemlich egal lang war, mißraten, wenn er zu kurz geblieben oder dreilängig war. Dann war er bei der Zubereitung schlecht zu verhandhaben, und ein großer Teil kam in die Hede.

Um zwei Himtenteile Flachs, ½ Morgen, an einem Tage zu ziehen und in die Rotte zu bringen, hatten fünf Leute zu tun. Auch Herr und Frau griffen tüchtig mit ein. Beim Ziehen nahm jede Person etwa einen Meter breit vor. Mit der linken Hand faßte man etwa einen halben Schritt groß die Frucht etwas unter der Krone. Dann hielt man das Umschlungene mit beiden Händen fest, zog es auf und legte es zu je zwei Personen auf einen Haufen. In Seile gebunden, gab es gewöhnlich 20 bis 30 Bunde von einem Himtenteil. Diese „Knuttboten" wurden auf die Scheunendiele gebracht.

Auf der Scheunendiele war ein 20 cm starker Risselbaum etwa einen Meter hoch über der Deele an beiden Seiten in Ständern festgekeilt. Dieser Baum hatte Löcher. In diese Löcher wurden mit einem daumenstarken Zapfen vier auch fünf Stück ½ m breite und 40 cm hohe eiserne Kämme von oben nach unten eingeschoben und mittels Keilen festgeschlagen. An diesem sogenannten Regenbusch konnten zu

Abgelegter, gezogener Flachs.

beiden Seiten zwei bis drei Personen stehen. Der Flachs wurde nun mit vollen Händen durch die Kämme gezogen, um Knutten und Kronengezweig vom Harl zu trennen. Die Knutten fielen unter den Regenbaum. Der abgerisselte Flachs wurde auf die Seite gelegt.

Im Toreingang war mittels einer Wagenflachte eine Bank gebaut. Auf dieser Bank wurde nun der abgerisselte Flachs mit gedrehtem Stroh in kleine Wasserboten gebunden, aus einem Knuttboten etwa zehn Stück. Das Zutragen zur Bank besorgten Kinder.

War alles fertig, dann wurde der Flachs auf einen Wagen geladen. Zum Einrahmen der Rotte wurden die Pfähle und Leitern sowie fünf bis sechs Bunde Stroh zum Abdecken

Regenbaum – der Flachs wird von den Knutten und Kronenzweigen getrennt.

derselben mit aufgeladen. Nun ging die Fahrt zur Weser und in dieselbe hinein, wo es etwa ¾ m tief war. Den Strom entlang wurden Pfähle hineingeschlagen und daran mit Strohseilen eine Leiter gebunden. Am unteren Ende wurde eine gleiche Leiter angebracht. Beide bildeten einen Keil. Nun wurde der Flachs, im unteren Leiterwinkel angefangen, mit dem Sturzende nach unten schichtweise übereinander eingelegt. War sämtlicher Flachs eingelegt, dann war eine gewöhnliche Rotte etwa 20 Quadratmeter groß. Damit die Lage nicht auseinanderging, wurden mehrere Strohseile aneinander geknüpft und von dem einen Leiterende zum anderen um den offenen Raum der Rottenkante gezogen. Als Letztes wurde die Rotte mit Stroh bedeckt und mit handlich schweren Steinen beschwert, damit alles reichlich Wasser hatte. Diese Steine wurden vom Hof angefahren, wo selbige von einem Jahr zum anderen aufbewahrt wurden.

Während der Flachs eingerottet wurde, besorgten ältere Leute auf der Scheunendiele das Sortieren der Knutten. Der Haufen wurde durchgegrept, und aus dem Gezweig, das noch voll von Knutten hing, drehte man meterlange Kränze. Diese Kränze wurden zum Trocknen draußen auf Zäune gehängt.

Die Knutten, die liegenblieben, wurden dann geworbt (gegen den Wind geworfen). Das machte einer, der des Werfens kundig war. Der leichte Abfall kam auf den Komposthaufen und die Knutten zum Trocknen dünn auseinander gebreitet auf den Boden.

Diejenigen, denen es an solchen Räumen mangelte, brachten die Knutten unterhalb des Ortes auf ein Stoppelfeld. Hier wurde eine Fläche abgeschaufelt, und auf dieser wurden die Knutten an sonnigen Tagen auseinandergeharkt und fleißig gerührt. Am Abend wurden kleine spitze Häufchen gemacht und mit Stroh abgedeckt. In der Zeit des

Knuttentrocknens sah man vor jedem Orte Flächen mit solchen kleinen Zeltchen. Der auf diese Weise getrocknete Lein war zum Säen der beste.

Am nächsten Tag wurde einer zur Weser geschickt, um nachzusehen, ob sich der Flachs gehoben hatte, was stellenweise vorkam. Diese Stellen wurden wieder niedergetreten.

Die Rottezeit wurde nach Nächten benannt. Sie dauerte je nach Wärme oder Kälte des Wassers vier bis acht Nächte. Wenn er soweit war, dann nahm man von verschiedenen Stellen der Rotte eine Probe. Ließ sich der Flachs, über die Hand hängend, nach beiden Seiten knicken, so nahm man an, daß er faul genug war.

Als nächstes wurde er ausgewaschen. Zu diesem Zweck gingen drei oder vier Personen ins Wasser und reichten die Steine von der Rotte einander zu. Sie wurden ans Land getragen. Auf die Steine wurde die Strohdecke geschleppt, und dann konnte mit dem Auswaschen begonnen werden. Ein oder zwei der Stärksten nahmen einen Wasserboten am Schopfende und rissen ihn, mit beiden Händen fassend, nach oben. Derselbe wurde nun ein- oder auch zweimal nach unten geduckt und darauf dem ein paar Schritt weiter Stehenden hingegeben. Der reichte ihn weiter, und am Land wurde er zum Auslaufen auf die Steine oder auf das Stroh hochgestellt. War nun solche Arbeit gemacht, auch Leitern und Pfähle der Rotte ans Land gebracht, was immer einige Stunden dauerte, dann zogen sich die Auswascher trocken an.

Der Flachs wurde nun auf eine Wiese oder auf ein Feldstück zum Spreiten gefahren. Das Spreiten war eine reine Frauenarbeit. Die Hausfrau mit Töchter und Mägden, gefolgt von einer Schar Tagelöhner-Frauen und ledigen Frauen aus dem Ort, die ohne Bestellung kamen. In einigen Stunden war die Spreitarbeit gemacht.

Nach so etwa acht Tagen, wenn es in den Nächten Tau hatte und tagsüber wieder trocknete, wurde der Flachs mit den dazu vorhandenen Wendestöcken gewandt. Hatte auch die andere Seite Tau und Sonnenschein bekommen, konnte er eingefahren werden. Die struppigen Reihen hatten nun eine hellgraue Farbe angenommen. Sie wurden aufgewalkt, die Walke hatten Sturz- und Schlichtende, und in Strohseile eingebunden. Mit Erntewagen eingefahren, kamen sie auf Stallböden oder in einen strohfreien Raum.

Nun begann der zweite Teil der Flachsarbeit: die Bereitung bis zur spinnfähigen Ware im Trockenen und bei sonnigem Wetter.

Der Flachs reichte stets für ein oder mehrere Jahre im voraus. Im Frühjahr vor der ersten Heuernte wurde er geboket. Nachbarn und Verwandte im Ort halfen sich dabei gegenseitig für Wiederhilfe. Jeder Landwirt hatte auf oder vor dem Hofe einen Bokeplatz. Das Boken wurde an sonnigen Nachmittagen vorgenommen. Mit der Treite wurde der Flachs glatt geschlagen.

Die Treite bestand aus einem Stück Buchenholz, 25 cm lang, 18 cm breit und 5 cm dick. Auf jedem Gehöft waren drei bis vier Stück vorhanden. Die mittlere Fläche der oberen Seite, etwa 12 cm ins Quadrat, wurde zum Einfügen des Stieles stark gelassen. Nach dem Ende hin wurden alle vier Seiten abgesprengt. Die untere flache Seite wurde quer etwa 2 cm tief ausgekerbt. In das etwas schräg gebohrte, 2½ cm dicke Loch der Treite kam ein Kopfweidenstiel, halb so stark wie ein Grepenstiel, nur etwas stärker gebogen. Der Stiel wurde, indem man einen starken Leinenlappen auf die Öffnung legte, eingetrieben und von unten festgekeilt.

Zum Boken wurde der Flachs, nachdem er im Sonnenschein so recht spröde getrocknet, handhoch in einer Reihe von etwa 30 cm Länge dicht und eben ausgelegt. Wurzel oder Sturzende kamen nach einer Seite zu liegen. Zu dieser Arbeit mußten alle heran, die Männer in erster Reihe. Der erste begann, indem er mit dem linken Fuß bis zur Mitte der Lage auftrat. So 10 cm wegtretend, versetzte er je Tritt der Lage einen dröhnenden Schlag mit dem Treitholz auf den äußeren Rand der Lage. Links wegschreitend, folgte der zweite, der dritte, der vierte usw. Waren sie am Ende, so war auch der Flachs auf der obenliegenden Seite weich. Mittlerweile hatte einer, gewöhnlich die Großmagd, aufgehört und von dem fertigen Ende weg denselben gewandt und eben gerupft, so daß der erst zu Ende Gekommene am anderen Ende wieder anfing. War auch diese Seite so verarbeitet, wurde der nun gebokte Flachs schüttend aufgenommen, in Seile gebunden, von beiden Seiten abgerupft und beiseite getragen. Der Flachs war nun platt und weich. Jetzt wurde der Platz abgefegt und eine neue Lage gelegt.

Das Boken mit der Treite mußte geübt sein. Man hob die Treite, indem man den ziemlich krummen Stiel in seiner Mitte mit beiden Händen dicht beieinander anfaßte, etwa 1½ m hoch. Beim Schlag ließ man beide Hände zum Ende des Stieles gleiten. Dieser feste und sichere Schlag mußte gelernt sein. Durch den ersten Fehlschlag bestrafte der Lehrling sich selbst. Er bekam eine Dröhnung in die Hände, die sich schmerzhaft bis in die Ellbogen zog. Neben seinen Schmerzen hatte er auch noch den Spott obendrein.

Es war schön anzusehen, wenn eine lange Reihe etwa 40 Schläge in der Minute gleichmäßig machte. Es war ein gleicher Hob und auch ein gleich dröhnender Schlag. Am besten ging diese Arbeit vonstatten, wenn die Sonne so recht heiß dazu schien.

In späteren Zeiten, so nach 1845, schafften sich die Wassermühlen eine Vorrichtung zum Boken des Flachses an. Diese Bokemühlen gab es in unserer Gegend zuerst in Linse, dann in Esperde und Börrye, Hehlen und Sievershagen. Diese wurden so in Anspruch genommen, daß schon mehrere Tage vorher Tag und Tageszeit bestimmt sein mußten. Ich bin nach sämtlich benannten Plätzen mit Flachs hingefahren. Die Bokemühle war an die eigentliche Mühle in einem großen Raum zu ebener Erde angebaut. Vor der Hinterwand in den Raum hinein lag eine 60 cm breite Bohle. 1½ m darüber war eine ½ m dicke Walze, mit starken Knacken versehen, angebracht. Von der Walze und über der Bohlenplatte hingen vier Stampfen. Die unteren Stampfenplatten waren mit Körben versehen. Beim Betrieb wurden sie ½ m hoch gehoben. Der Reihe nach fielen sie dann dröhnend herunter. Die Zeit zwischen zwei Schlägen betrug 1½ Sekunden.

Vor jeder Stampfe hatte auf einer Bank eine Frau ihren Sitz. Sie hielt dann eine Schoppe Flachs, ca. 20 cm dick, darunter. Bedient wurden diese Frauen von zwei Leuten, die aus den Bunden die Schoppen abteilten und den Frauen zur Hand legten. Die weich gestampften nahmen sie wieder weg, banden sie ein und legten sie zum Aufladen zurück.

Ein solches Mühlenboken dauerte vier bis sieben Stunden, je nach Beschaffenheit und Größe des Fuders. Bestellt wurde die Bokemühle nach Himtenteilen. Bezahlt für das Boken wurden je Stampe und Stunde so etwa 40 Pfennige. Der Schall der Stampfen war weithin hörbar. Bei der Arbeit selbst konnte man sich nur schwer verständigen. Das Nötige wurde dabei durch Zeichen oder Ins-Ohr-Rufen vermittelt.

Die taktmäßigen vier Schläge der Linser Bokemühle konnte man unterhalb unseres Ortes im Niederen Felde sehr deutlich hören. Wer weniger als einen Himtenteil hatte, hat den Flachs mit dem Dreschflegel weichgeklopft. Dabei wurde der Flachs auf der einen Seite mit einer schweren Leiter oder mit einem anderen passenden Stück Holz festgelegt.

War nun das Heu herein und die Wintersaat überseite, dann wurde noch vor der Ernte mit dem Braken begonnen. Eine Brake war aus buchenem Holz gefertigt. Das Gestell war 80 cm lang, 15 cm breit und 60 cm hoch. Die beiden 10 cm aufstehenden starken Backen waren unten mittels runder Sprossen miteinander verbunden. In die Backen waren nach oben hin drei scharfkantige Bretter eingefügt. Der Stößer war 20 cm länger als das Gestell. Nach rechts war ein handlicher Stiel als Griff für die rechte Hand des Brakers angebracht. Der Stößer bestand aus einem Stück Holz. Die untere Seite war ausgehöhlt und zu zwei Blättern bearbeitet, die genau in die oben erwähnten drei Blätter paßten. Am hinteren Teil des Gestelles war er mittels eines 2½ cm dicken Holzdollens beweglich eingefügt.

Den Flachs zu braken, war eine sehr komplizierte Arbeit, die nur von Frauen und Mädchen ausgeführt wurde. Der Braker stellte sich vor die Brake, nahm den überstehenden Griff in die rechte Hand und hob den Stößer. In die linke Hand nahm er die dazu abgeteilten Riste (Flachsbündel), schlug sie in die sogenannte Kehle der Brake. Durch die nun rasch aufeinanderfallenden Stöße fiel das mürbe Mark als Schebe (Abfall) von 1 bis 3 cm Länge unter die Brake, und die Flachsfaser wurde weicher. Zum Wechseln zog man die Risten durch die festhaltende Brakenkehle, so daß die restliche Schebe abfiel. In das fertige Ende machte man nun eine Schleife und brakte das andere Teil fertig. Diese Brakearbeit übten schon die Mädchen, wenn sie noch in die Schule gingen.

Die Braker wurden nur bestellt, wenn man zuvor gesonnt hatte. Das Flachssonnen, so wurde es genannt, wurde an einem trockenen, sonnigen Tage vorgenommen. Der gebokte Flachs wurde auf Leiterflachten, auch auf rein gefegten, trockenen Plätzen ausgebreitet, vor Mittag umgewendet. Nachdem er den Mittag hindurch im heißen

Sonnenschein gelegen hatte, wurde er wieder aufgebunden und an einem Ende der Scheunendiele fest in einen Haufen gelegt und mit einem Laken dicht zugedeckt.

Zum Braken wurden die Tagelöhnerfrauen sowie ledige Frauensleute, auch Mägde von anderen Höfen für Wiederhilfe bestellt. Zehn bis zwölf Personen hatten, je nachdem man Flachs hatte, zwei Tage zu tun.

Zum Ristenziehen kam gewöhnlich eine ältere Frau den Nachmittag vorher, um im voraus Risten abzuteilen. Die zum Braken bestellten kamen am Abend zuvor und stellten ihre Braken in zwei Reihen die Diele entlang. Dann holten sie die stets auf dem Hof vorhandenen Steine und legten sie auf die unteren beiden Sprossen des Brakengestelles, damit dieses fest stand. Die Braker hatten mittags und abends einen Boten, das sind 200 Risten, auf der Hausdiele abzuliefern.

Oben auf dem Boden war ein verschließbarer Raum. An der einen Seite waren sogenannte Flachstragen angebracht. Hier wurde der gebokte, gebrakte und gehechelte Flachs aufbewahrt. Zum Braken kamen die Frauen schon früh. Sie fingen nach drei Uhr an und hatten zu Mittag gewöhnlich schon eine Anzahl Risten für den Nachmittag. Gegen sechs Uhr abends wurde der zweite Bote an die Hausfrau abgeliefert.

Waren sie mit Braken fertig, dann brachten sie die Brakensteine wieder an ihren Ort, auch die Schebe an einen Platz vor der Scheune.

Die Schebe war zur Kompostbereitung ein wertloses Produkt, um so mehr aber für die Bauenden ein schätzbares Material, einmal als Zusatz zum Mörtel. Der meiste Verbrauch desselben war aber zur Anfertigung der Brennsteine. Diese wurden so im Mai/Juni in der Nähe der Lehmkuhle von jedermann für den eigenen Bedarf gefertigt. Von ärmeren Leuten wurden solche massenweise gebacken zu etwa vorkommenden Neubauten. Waren sie hart getrocknet, wurden sie abgezählt und von den Bauenden abgeholt. Für 100 Stück gab es 40 Pfennige.

Nach dem vorhin schon erklärten Braken des Flachses folgte das Risten, auch Schaben genannt. Dieses wurde nun gelegentlich von den Mägden ausgeführt. Das Einfachste von allen Zubereitungsgeräten, Ristenwocken genannt, bestand aus buchenem Holz. Der schwere Fuß war 50 cm lang, 35 cm breit und 12 cm dick. Die untere Bodenfläche geebnet, die oberen Kanten nach allen vier Außenseiten etwas abgesprengt. In die Mitte des Fußes war eine Scheide eingestemmt. In diese war ein 4 cm starkes Brett eingefügt, auf letzteres ein 80 cm langes und 40 cm hohes Brett aus geklobtem reinen Buchenholz, 4 cm dick. Nach oben lief es schlank und scharf zu.

Dieser Ristenwocken konnte gleichzeitig von zwei Personen benutzt werden. Sie saßen zu beiden Seiten des Wokkens auf einem Stuhl und hatten einen Brakenboten neben sich liegen. Sie nahmen eine Riste, schlangen die Enden um beide Hände und zogen dieselbe, die Hände flach am Brett, geschwinde auf und ab, um die noch im Flachs haftende Schebe auszusondern. Zuletzt wurden die beiden Enden der Riste abwechselnd über den Wocken gezogen, indem jeweils eine Hand die Riste auf die Kante des Wockens drückte.

Auf das Risten folgte noch eine wichtige Arbeit, nämlich das Hecheln. Die Hede (Flachsabfall) mußte noch aus dem Flachs ausgesondert werden, um eine spinnfähige Ware zu erhalten. Diese Arbeit mußte sehr sorgfältig gemacht werden, und es war nicht jedem gegeben, dieselbe ohne Nachteil auszuführen. Aus diesem Grunde ließ es sich die Frau des Hauses nicht nehmen, die ja alle Arbeiten am Flachse ihrer Aufsicht und Mithilfe gedeihen ließ, das Hecheln allein zu machen.

Der Hechelstuhl hatte einen schweren Fuß aus Eiche. Darauf standen 50 cm auseinander 70 cm hohe gedrechselte Säulen. In diese Säulen waren zwei 5 cm starke Rundhölzer rechtwinklig eingestemmt. Diese waren wiederum mit einem 2½ cm weiten Schlitz versehen. In diese Spalte wurden die Hechel geschoben.

Es gab eine Grob- und eine Feinhechel. Eine Hechel bestand aus einem Stück Holz, 15 cm breit, 20 cm lang und 10 cm dick. Dieses Klötzchen war sauber auf ein 1 cm starkes Brett, 60 × 18 cm, aufgearbeitet. Die obere Platte des Klötzchens war zierlich mit Weißblech belegt, worin aufrechtstehend, je ob Grob- oder Feinhechel, 150 bis 200 Stück stopfnadelähnliche, jedoch an Stärke und Länge noch einmal so starke Zinken eingefügt waren. Dieses Gerät wurde zum Gebrauch von hinten nach vorn in die Schlitze der Rundhölzer eingeschoben. Zum Festhalten wurde in die Schlitze etwas Hede eingelegt.

Die Holzteile der Hecheln waren hübsch rot, gelb und blau geblümt bemalt. Man konnte diese in jedem Kaufmannsladen kaufen. Die Handhabe beim Hecheln mußte geübt sein. Die Hechlerin schlang das eine Ende der Riste um die rechte Hand und ließ den Flachs mit der linken lose einfallen und zog dann mit der rechten den Flachs rasch durch. Dieses Hochheben und ruckweise Durchziehen ging so rasch vonstatten, daß man kaum sehen konnte, wie die Riste, welche selbstverständlich wechselweise verhandhabt wurde, fertig wurde. Die bei dieser Arbeit anfallende Grob- und Feinhede lag neben dem Hechelstuhle. Der Flachs war nun fein und weich und zum Verspinnen zubereitet.

Selbst gesponnen, selbst gemacht

Selbst gesponnen und selbst gemacht ist die beste Bauerntracht, lautet ein Sprichwort. Die Spinnräder kamen schon frühzeitig im Herbst in Betrieb. In einem Bauernhause waren so fünf bis sieben Stück vorhanden neben zwei oder auch drei Haspeln.

Die Mägde spannen schon im Oktober nach dem Essen bis zehn Uhr, obwohl noch keine Zahl aufgegeben war. Am anderen Morgen wurden die Rollen von der Hausfrau gehaspelt, um nachzusehen, ob sie auch fleißig gesponnen hatten. Später, wenn die Herbstfrüchte eingeerntet waren, vereinigten sich die Mägde zur Spinnertruppe. Es bildeten sich im Dorf mehrere Truppen. Die Kinder, so ab 8. Lebensjahr, waren die jüngste Truppe. Jungen und Mädchen gingen für sich. Ich erinnere mich noch jetzt an die Plätze in den Häusern, wo ich mit meinem Spinnrad gesessen habe. Die Töchter von den Höfen, obwohl sie auch Magdstelle einnahmen, bildeten auch eine Gruppe.

Gesponnen wurde von Martini bis ins Frühjahr hinein, mit Ausnahme des Sonnabends und der halben Tage, wenn Roggen gedroschen wurde. Vormittags saßen alle mit ihrem Rade allein. Nach Mittag wußte aber jede Spinnerin, wo die Zusammenkunft für sie war.

In einer Bauernstube war an zwei freien Seiten ein Hakenbrett angebracht. Dieses 20 cm breite Brett war plattseitig an die Wand genagelt. Auf dieses Brett wurde ein weiteres Brett rechtwinklig angebracht, welches als Börd benutzt wurde. Hier standen die Milchsatten. In diese Schalen kam die Milch, nachdem sie gemolken und durchgeseiht war. An der Plattseite des Brettes waren 20 cm lange, gedrechselte Pflöcke befestigt. Auf diese konnten drei bis vier der gehaspelten und zusammengeschlungenen Garnstücke zum Aufbewahren für die Woche geschoben werden.

In der Mitte der Stubendecke war ein Holzhaken angebracht. Er konnte, ähnlich wie der Kesselhaken über dem Herd, hoch und niedrig geschoben werden. Das war der Kreiselhaken. Ein aus Blech gefertigter runder Behälter mit einer Tülle hing daran. Durch diese Tülle wurde ein 20 cm langer und 1 cm dicker, aus Baumwolle gedrehter Docht gezogen. Nachdem der Kreisel mit Rüböl gefüllt war, brannte der Docht. So alle halbe Stunde mußte er mit einer Nadel gestoket und abgeuselt werden. Dieses Licht für den Spinnkreis gab jedoch nur ein Drittel an Helligkeit der gegenwärtigen billigen Petroleumleuchten.

Solch ein Spinnkreis bestand gewöhnlich aus lauter jungen Mädchen. Der Kleinknecht, sobald er nach dem Abendessen das Futter für die Kühe für den nächsten Tag geschnitten hatte, saß an der Türseite des Ofens und schnarchte. Die Mutter des Hauses mit ihren Kindern hatte ihren Platz an der anderen Seite des Ofens vor dem Kanapee. Der Vater, im Kanapee, schmökte, wenn er es nicht vorzog, an solchen Spinnabenden seinen Nachbarn oder vertrauten Freund zu besuchen.

In solch einem Kreis von Spinnerinnen, der nicht selten aus acht, auch zwölf Personen bestand, wurden drollige Hexen- und Spukgeschichten erzählt. Es wurden auch alle Neuigkeiten ins Kreuz und in die Quere berichtet. Um die Wachsamkeit hochzuhalten, sang man zwischendurch Lieder. Darin waren die Mädchen sehr geübt. Es waren meistens Liebeslieder. Auch Rätsel und Wörterspiele wurden gemacht. Je geräuschvoller es dabei herging, desto flotter ging das Spinnen vonstatten.

Im Winter, Punkt acht Uhr, ging der Spinnkreis hinaus auf die Deele. Dann spielte die Truppe, die ja den ganzen Tag, außer bei der Nebenarbeit gesessen hatte, Blindekuh. Es wurde auch getanzt, indem sie sich die lustigsten Weisen dazu sangen. Es fehlte dann nicht an Beteiligungen von

Spinnerin mit Spinnrad.

Knechten aus dem Orte. Wo am Abend der Spinntrupp war, wußte jeder Bursche.

Nach einer Viertelstunde, selten länger, kamen alle wieder hereingestürzt und setzten sich hinter ihr Rad. Sie sahen sich dann gegenseitig auf die Rolle, wieviel wohl jeder gesponnen hatte. Um zehn Uhr nahm jede ihr Spinnrad unter den Arm und ging nach Haus. Zu Hause wurden die Rollen dann noch gehapselt, und da stellte sich dann der Abendfleiß heraus.

Im Winter wurde schon nachmittags gesponnen. Wenn die Männer nach Holzfahren oder Dreschen Feierabend machten und die Knechte noch ihre Abendarbeit verrichteten, kamen die Mägde mit ihren Garnrollen ins Haus, um ihrerseits ihre Nebenarbeiten zu machen. Nach dem Essen haspelten sie ihre Rollen, und dann ging es wieder zur Versammlung. Das erste, was sie sich gegenseitig sagten, war entweder: Wieviel hast du all? oder Wieviel mußt du noch?

Am Freitagabend wurde die Wochenarbeit abgeliefert. Sonnabend wurde nicht gesponnen. Am Sonntagabend holte die Frau im Hause den Flachs, den sie am Sonnabend gehechelt hatte, herbei, und die beiden Mägde bereiteten sich für die nächste Woche die Dieseln (der aufgesteckte Flachs) zu, die die Frau dann beiseite brachte, um sie in der kommenden Woche nach Bedarf herbeizuholen.

Die Mägde spannen pro Tag gewöhnlich zwei Stück Garn. Das waren über den Braunschweiger Haspel zwölf Gebind oder über den Hannoverschen Haspel zehn Gebind. In jedes Gebind kamen 90 Faden. Beim Haspeln meldete das ein Hammerschlag an. Das Vollbind, das auch durch eine mechanische Vorrichtung am Haspel angedeutet wurde, wurde als Ganzes vom Haspel abgezogen und mittels eines starken, etwa 40 cm langen Fadens, Fispel genannt, kreuzweise zugebunden. Das Garn eines solchen Stückes hatte eine Länge von 1800 Metern. Es waren zehn Gebind à 90 Haspelfäden zu 2 m. Über den kürzeren Brauschweigischen mit zwölf Gebind war das die gleiche Länge.

Zu Anfang im Herbst wurde zu Drell und Leinen für den Hausbedarf, danach aber fortwährend Garn für den Verkauf gesponnen. Dazu wurde dann auch die Feinhede mit verbraucht.

Während der Spinnzeit kamen am Sonnabend die Käufer, das waren die Weber, mit ihren Säcken und sahen in die Stube. Ihr erster Blick war nach dem Hakenbrett, ob auch viel dran hing.

Zuvor waren die Weber in Kirchbrak gewesen, wo für die hiesige Gegend eine Linnen Lege war. Auf dem Weg nach dort trugen sie einen Packen, das waren etwa 40 cm dick aufgerollt, mittels Tragseilen hochstehend auf dem Rükken. Auf dem Heimweg kauften sie das Garn für die nächste Woche. Am Sonnabend waren dann auch alle Wege von Webern belebt. Ein Stück Kaufgarn kostete derzeit 2½ Mariengroschen gleich 20 Pfennige.

Das Zahlspinnen, nämlich zwei Stiegen Garn pro Tag, war keine geringe Aufgabe für die Spinner. Für solche, die nicht besonders dazu veranlagt waren, war es eine Qual. Beim Mieten der Mägde wurde sich stets danach erkundigt, ob sie auch gut spinnen könnten. In den Orten der sogenannten Börde des Amtes Eschershausen mußte die Großmagd auch weben können. Dort hatten die Hofbesitzer jeder einen Webstuhl, Werketau genannt.

War ein armes Mädchen, das keine gute Anlage zum Spinnen hatte, so töricht und ließ beim Haspeln Fäden am Gebinde fehlen, man bezeichnete solches als „falsches Garn haspeln", dann war es eine tiefe Schmach für sie. Wurde sie von den Webern, die ja betrogen wurden, angezeigt, so kam sie nicht ohne Gefängnisstrafe davon.

Ohne Flachs konnte auf dem Lande keine Familie bestehen. Auch in den Tagelöhnerfamilien spannen Mann, Frau und Kinder. Sie hatten ja ihren eigenen Flachs geerntet. Dafür mußten sie in der Ernte helfen. Man sah sie nicht anders zum Kaufmann gehen als mit ein paar Stück Garn in der Hand, wofür Kaffee, Öl oder Salz eingetauscht wurden. Auch ihre Kleidung bestand aus Selbstgesponnenem und war selbstgemacht.

Leinenzeug wurde hierorts überall getragen. Auf die Ernte hin mußte alles neu sein. Da hatten die Schneider vollauf zu tun, denn Nähmaschinen gab es nicht. Kamisol (Jacke), Hose, Brusttuch (Weste) und Gamaschen wurden genäht. Zu diesem Zwecke wurden eine oder gar zwei Stiegen ungebleichtes Leinen zur Färbe gebracht. Derzeit waren in jedem größeren Ort, wie Hehlen, Halle, Börrye und Ottenstein, Färbereien. Für die Männer wurde entweder dunkel- oder hellblau zu färben bestellt. Die Frauen und Mädchen ließen sich auf blauem Grund weiße, gelbe oder dunkle Sterne, Punkte oder Blumen drucken. Sie waren dann nicht wenig stolz, in diesen neuen Kleidern ins Feld zu gehen und den Segen Gottes einzuheimsen.

Sie machten dann auch den Mähern zu Beginn der Ernte aus Feldblumen Büsche an die Mützen, und es durfte an solch einem Busche auch ein Streifen Goldband nicht fehlen.

Diese Anzüge hielten gewöhnlich ein ganzes Jahr durch.

Ein Gewebe nannte man Pfeffer und Salz. Dazu wurde die Schierung von gekochtem und gebleichtem Garn und der Einschlag aus dunkel- oder hellblau gefärbtem Garn genommen. Dieses Gewebe nahm man vorwiegend zu Kitteln (Jackets). Die Farben waren absolut waschecht. Nachdem der Stoff gewaschen, getrocknet und gemangelt war, sah er wieder wie neu aus.

Die Hausfrau ließ auch von dem gesponnenen flachsenen Garn zu Hemden, Bettlaken, Tischtüchern und Handtüchern weben.

Außer den vielen Webern, die Kaufleinen verarbeiteten, gab es noch in jedem Ort Weber, die das sogenannte Hausleinen webten, in größeren Orten auch solche, die Drell und auch bunt kolorierte Beiderwand webten. Diese Weber hatten eigens dazu eingerichtete Webstühle.

Das abwechselnd mit Figuren, Karos und Sternen versehene, aus feinem flachsenen Garn Gewebte war ein wahres Prachtwerk. Zu Bettbüren wurde Drell gewebt. Zu den Überzügen der Betten nahm man einfaches Leinen. Das war dann nach verschiedenen Mustern bunt kariert.

Bei Bedarf wurden von einer Stiege gewöhnlichen Leinens auch ein paar Ellen zu Käsebeuteln und Milchseihtüchern bestellt. Bei diesem Gewebe wurde der Einschlag lose vorgeschlagen. Zur Herstellung von Beiderwand wurde Flachsgarn zur Schierung und von Schafwolle Gesponnenes zum Einschlag verwendet, die einfache Beiderwand zu Kleidern für Frauen. Doppelzeug zu Rock, Hose und Weste für jung und alt. Dann gab es noch den Köperbeiderwand. Für die Männer einfarbig braun oder grau zu Röcken und Anzügen. Für die Frauen in mehrfarbigen Mustern, wozu das Garn gelb, grau und rot gefärbt wurde. Dieses selbstgefertigte Fabrikat war nicht nur allein sehr dauerhaft, sondern wegen der echten, schönen Farben auch wundervoll anzusehen.

Die Männerröcke und Knabenanzüge sowie die Kleider der Frauen und Mädchen aus solchem Produkt wurden sonntags zur Kirche sowie zu Verwandtenbesuchen getragen. Später gaben sie noch sehr zweckmäßige Arbeitsanzüge, die wegen ihrer Dauerhaftigkeit mehrere Jahre getragen werden konnten.

Die Handspinnerei war derzeit eine würdevolle Arbeit. Selbst in vornehmen Familien waren die Frauen nicht ohne Spinnrad. Die Frau Gräfin von der Schulenburg zu Hehlen war damals wegen ihrer Feinspinnerei berühmt. Es hieß, die Gnädige könne ein Stück selbstgesponnenes Garn von 900 Fäden zusammengeschlungen durch einen Fingerring ziehen.

Meine selige Mutter erstand auf einer um das Jahr 1843 auf Schloß Hehlen abgehaltenen Auktion eine Feinhechel, die hier im Hause noch jetzt gebraucht wird.

Ich erwähnte schon, daß durch die aus überseeischen Ländern eingeführte Baumwolle sowie durch Maschinenspinnerei und Webereien der heimische Flachsanbau rapide abgenommen hat. Spinnräder sind aber noch in jedem Bauernhause vorhanden. Die strebsamen Hausfrauen können sich wegen des bißchen Wollgarnspinnens zu Strümpfen und dergleichen nicht gänzlich von denselben trennen.

Die Schäferei wurde hierorts 1881 aufgehoben. Damals hatte jeder Besitzer auf einem Hektar ein Schaf. Von einem gewöhnlichen Bauernhofe gingen 25 bis 30 Stück mit auf die Weide. Darunter waren auch stets ein oder zwei schwarze Schafe. Diese schwarze Wolle wurde mit Vorliebe, um das Färben zu sparen, als Garn versponnen. Nachdem es gekocht, gewickelt und gezwirnt war, wurden Handschuhe, Strümpfe und die damals modernen Alltagsmützen für die Männer daraus gestrickt.

Jedes Jahr nach der Schafschur kamen aus dem Eichsfelde zwei Wollkämmerer. Sie hatten ihre bestimmten Ortschaften und dort jeweils mehrere Tage zu tun. Beim Kämmen wurde mitunter schwarze Wolle mit weißer Wolle innig miteinander vermengt. Dies ergab ein hellgraues Garn, das gerne zum Stricken von Unterkamisolen (Unterjacke) genommen wurde.

Etwas anderes möchte ich in diesem Zusammenhang noch erwähnen. Bei der Separation 1847 bekam jeder der Interessenten auf Wunsch nach dem Verhältnis seiner Flächen einen schmalen Streifen Wiese an der Weser zugeteilt, um bleichen zu können. Außerdem war noch im Obstgarten ein baumfreier Platz zum Bleichen vorhanden.

Das Flachsgarn wurde schon im März in reiner Buchenasche gekocht und auf blank gezügelter Rike (Zaun, bzw. Gestell) ausgebreitet gehängt. Während des Trocknens gestoßen, konnte es am Abend gewöhnlich trocken abgenommen werden. Darauf wurde es zu dem bestimmten Weber gebracht.

So etwa fünf Wochen vor der Ernte mußten Linnen und Drell zum Bleichen fertig sein. Die Stiegen waren gewöhnlich 6 bis 7 m lang. Die Breite lag zwischen ½ und 1 m, je nachdem, wozu es verwendet werden sollte. Nicht selten lagen bis zu 20 solcher Stiegen nebeneinander. Solch eine Bleiche war der Stolz einer strebsamen Hausfrau, die dort als Krönung ihres Fleißes und ihrer Bemühungen ihr Jahreswerk ausgebreitet liegen sah.

In früheren Zeiten lag selbiges, wenn es vom Webstuhl kam, auch die Nächte hindurch draußen. Durch das Betauen sollte der graue Stoff besser bleichen. Die Mägde mußten dabei wachen, damit nichts gestohlen wurde. Man nannte solches „bei der Bleiche schlafen". Jeder Hof hatte auch eine sogenannte Bleichhütte für die Mägde. Während der Bleichzeit wurde die ganze Masse periodenweise in Buchenasche gekocht, was als „Büken" bezeichnet wurde.

Je besser es von der Sonne beschienen, um so häufiger konnte es mit Wasser überbraust werden. Nach einigen Wochen, wenn es so recht schneeweiß war, wurde alles noch einmal gewaschen. War es dann trocken, wurde es gezupft und gemangelt und zum Aufbewahren in den Schrank oder den Koffer gelegt.

Es wird nur noch eine kurze Zeit dauern, dann sind die Flachsreste verbraucht. Dann wird man auf Nimmerwiedersehen sagen können: Adjö Hede, adjö Flachs.

Hier wird der Flachs gehechelt.

Die Zuckerrübe

Die Rübe zur Zuckerfabrikation wird seit 1876 hier und in der Umgebung in gesteigertem Umfange angebaut. Sie wird zur Emmerthaler Fabrik angeliefert, welche im obigen Jahre erbaut wurde.

In der Zeit gleich nach 1870/71 wurde vielfach gesprochen von der Anlage einer Zuckerfabrik in der Gegend von Hameln. Es blieb jedoch bei leeren Redensarten. 1874 hieß es dann, einige größere Handelsfirmen in Hameln, meistens Israeliten, beabsichtigten, unter sich eine Fabrik bei Hameln zu bauen. Dadurch wurden einige Gutsbesitzer und Domänenpächter unweit Hamelns stutzig. Sie einigten sich über die Anlage einer Zuckerfabrik auf Aktien in unmittelbarer Nähe der Weser und der Eisenbahnstation Emmerthal.

Die Gutsbesitzer und Pächter der Domänen von Buchhagen, Hehlen, Grohnde, Welsede, Hämelschenburg, Ohr, Ohsen und Hasperde gingen beim Zeichnen von Aktien zum Bauen voran. Inzwischen wurde in Ohsen eine Versammlung anberaumt. Es wurde allen Landwirten, die sich bereit erklärten, Rüben auf Aktien anzubauen, Gelegenheit gegeben, solche Aktien zu erwerben. Oben erwähnte Versammlung fiel schon sehr gut aus. Es wurden Aktien zu 1 500 Mark ausgegeben. Es fehlte nur noch ein Fünftel der Bausumme und mußte zur ferneren Zeichnung noch agentiert werden. Es fand sich aber eine größere Bereitwilligkeit, und so konnte der Rest der Aktien zu 1 800 Mark ausgegeben werden.

Jeder Inhaber von Aktien war verpflichtet, pro Aktie einen Hektar Rüben anzubauen und von je einem Hektar 400 Zentner Rüben während der Kampagne auf Anforderung der Fabrik abzuliefern. Die Beträge für die erworbenen Aktien wurden ratenweise während des Bauens der Fabrik eingezahlt.

Durch die im Jahre 1899 hergestellte und vollendete Brücke über die Weser bei Ohsen und die im selben Zeitraum stattgefundene Verlegung der Landstraße zwischen Latferde und Ohsen wurde der Verkehr zwischen den diesseitigen Rübenanbauern und der Fabrik nicht nur erleichtert, sondern auch sicherer.

Es kam doch nicht selten vor, daß während der Kampagne die Weserfähren hierorts, in Hajen, Grohnde sowie in Ohsen, die von den diesseitigen Rübenlieferanten benutzt wurden, auf längere oder kürzere Zeit wegen Eisgang oder Hochwasser nicht passierbar waren. Es ist sogar vorgekommen, daß die hiesigen Aktionäre mit dem Rest ihrer Rüben mit einigen Fudern über Hameln fahren mußten.

Die Fabrik wurde als eine der schon in Deutschland existierenden über 300 größeren Zuckerfabriken eingerichtet. Sie verarbeitete in den Anfangsjahren täglich 3 000 Zentner Rüben. Später, durch Neuerungen und die Anlage einer sogenannten Rübenschwemme, wodurch zugleich mehrere Abladestellen ermöglicht wurden, wurde so um das Jahr 1881 die tägliche Verarbeitungsmenge verdoppelt, einige Jahre später waren es 8 000 Zentner und in der gegenwärtigen Kampagne (1901) sogar 10 500 Zentner täglich.

Durch den steigenden Verbrauch an Zucker wurde es erforderlich, schon vor einem Jahrzehnt, Kaufrüben in den der Fabrik umliegenden Ortschaften anzuwerben.

In den ersten Jahren wurde hierorts auf den Höfen Nr. 2, 11 und 18 auf zehn Stück Aktien 40 Morgen Rüben angebaut. Einige Jahre später waren es im Dasper Felde 70 Morgen. Nachdem nun die Eisenbahn Vorwohle—Emmerthal gebaut ist und die Rüben in Hehlen verladen werden können, sind es gegenwärtig 115 Morgen.

In den ersten 25 Jahren wurden die Rüben zweispännig vom Acker ab zur Fabrik, je zwei Fuder an einem Tage, gefahren. Meistens ging es in Hajen über die Fähre. Ein Fuder mußte dann vierspännig aus der Flöße auf die Landstraße gefahren werden.

In den ersten Jahren des Rübenbauens wurde von seiten der Fabrik die Bestellungsweise, auch der dazu zu verwendende käufliche Dünger vorgeschrieben. Letzterer wurde von der Fabrik im großen nach Gehaltsgarantie an Stickstoff und Phosphorsäure angekauft und an die Rübenanbauer verabfolgt.

Es wurden auch unter den Aktionären in verschiedenen Gegenden Kommissionen gewählt, jeweils zwei oder drei Personen. Diese hatten das Pflügen vor Winter, den Rübenstand nach dem Vereinzeln sowie auch die Bedekkung der gerodeten Rübenmieten vor Winter zu kontrollieren.

Auch die Bestellungsweise war vorgeschrieben. Folgten die Rüben nach Roggen, Weizen oder Hafer, jedoch erst in zweiter oder dritter Gare, dann mußten die Stoppel gleich nach der Ernte dünn geschält, geeggt und wenn nötig, gewalzt werden. Im Herbst wurde der Acker zwölf Hannoversche Zoll = 29 cm tief gepflügt.

Die Bestellungsarbeit mußte bis zum 10. Mai beendet sein. Der den Winter hindurch in rauher Furche gelegene Acker wurde bei möglichst trockenem Wetter mittels Schottischer Egge extripiert, darauf geeggt und gewalzt mit Ringel-, Bloch- oder Steinwalze. Es wurde so lange bearbeitet, bis aller Boden zu Mehl geworden. Es wurde nicht selten des Guten zuviel getan, namentlich wenn im Boden noch zu viel Winterfeuchtigkeit vorhanden.

Ich kam einmal mit dem Herrn Grafen von der Schulenburg auf die Bestellung zu sprechen. Er äußerte sich mir gegenüber: Vor dem Drillen der Kerne müsse der Acker so fest sein, daß, wenn man sich auf dem Hacken herumwerfe, keine Kuhle zu sehen sein dürfe. Später ging man davon ab. Hierorts war es mein Sohn, der eine neue Bestellungsweise einführte. Ich hatte ihm schon seiner Kenntnisse und seiner Umsicht wegen, die er sich auf der Landwirtschaftsschule in Hildesheim erworben hatte, die Ackerwirtschaft ganz überlassen.

Nachdem der Acker fest und fein war, wurde er noch einmal mit einem eigens dafür eingerichteten Extripator genügend tief durchgearbeitet, mit der Feinegge durchgezogen und mit der Schlichtwalze vor oder nach dem Drillen übergefahren. Diese Bestellungsweise hat sich als sehr praktisch erwiesen und fand bald überall Nachahmung. Die Kerne kamen egal in den Boden und liefen gleichmäßig auf. Auch beim Roden war es ein Vorteil, mußte doch in den ersten Jahren stets mit dem Fuß auf die Quersprosse des Hebers getreten werden.

Die Pflege der Rüben sowie im Herbste das Roden wurde bis auf die, die man mit seinen Gesindeleuten selbst verarbeitete, den Tagelöhnerfamilien, auch einzelstehenden Leuten in Akkord überlassen. Es wurde bezahlt für einen Morgen:

Für das erste Hacken	2,50 Mark
Verbuschen	2,00 Mark
Verziehen	4,00 Mark
Durchhacken	3,50 Mark
Die letzte Hacke	3,00 Mark

also 15 Mark, für das Roden 12 Mark. Dabei mußten ¼ Morgen zusammengetragen und dünn mit Boden bedeckt werden. Beim Liefern mußten die von ihnen gerodeten Rüben mit aufgeladen werden. An den Akkordlöhnen ist in den verflossenen Jahren bis jetzt nichts Wesentliches geändert, obwohl der Gesinde- und Tagelohn um das Doppelte gestiegen ist.

Die Arbeiter sind zufrieden, da durch die neuere Bestellungsart die Rübe nicht mehr so fest eingekeilt im Boden steht und das Roden selbiger flotter vonstatten geht. Außerdem wurde den Arbeitern mit Hackmaschinen entgegengekommen. Sie können so gut ⅓ mehr verarbeiten.

Bis vor einem Jahrzehnt waren die Erträge der Rüben geringer. Sie lagen im Durchschnitt bei 145 Zentnern pro Morgen. Es herrschte ein Vorurteil gegen die Anwendung von Stickstoff, der den Zuckergehalt der Rübe beeinträchtigte. So um das Jahr 1893 durfte absolut kein Chilesalpeter angewendet werden. Es war solches untersagt bei Androhung schwerer Konventionalstrafen. Es ist viel darum gestritten worden.

Dann kam eine Wendung im Rübenbau. Die Rübe wurde nach Zuckergehalt bezahlt, und bald danach erfolgte eine völlige Freigabe der Rübenbestellung und Düngeranwendung. Es stellte sich dann heraus, daß der Düngerzwang ein nicht unbedeutender Fehler gewesen war.

Die Erträge sind im letzten Jahrzehnt um gut ¼ gestiegen, ohne Beeinträchtigung des Zuckergehaltes. Die Rübe selbst ist in den letzten zwei Jahrzehnten durch die Saatzuchtstationen nach und nach veredelt worden.

Die Fabrik bezog von vier bis sechs verschiedenen Saatzuchtstellen die Rübenkerne. Der Rübenbauer hatte sein Quantum auf der Fabrik zu bestellen.

Einiges über die Rentabilität der Emmerthaler Zuckerfabrik – Im Anfang des Betriebes, 1877, kostete ein Zentner Rohzucker so, wie an die Raffinerien geliefert, 42 Mark. Der Preis ging alsbald herunter, hielt sich jedoch auf 33 Mark. In den letzten Jahren war der Preis auf elf Mark gesunken. Gegenwärtig (1901) kostet der Zucker nur noch sieben Mark.

In den ersten acht Jahren des Betriebes wurden die Rüben am Anfang der Kampagne mit 1,10 Mark, von Mitte

November ab mit 1,30 und in den letzten vier Wochen der Kampagne, die nicht selten bis Ausgang Januar dauerte, pro Zentner mit noch zehn Pfennigen mehr bezahlt.

Es bestand ein Handel mit Aktien, und dieselben stiegen im Preise bis 2 450 Mark. Ich hatte im dritten Betriebsjahr noch eine Aktie für 1 650 Mark gekauft. So erhielt ich 1881 auf meine drei Aktien, nachdem ich schon durch das erhaltene Geld für meine gelieferten Rüben zufrieden sein konnte, noch 1 500 Mark als Dividende zugeschickt.

Diese guten Erträge führten dazu, daß die Fabriken sozusagen wie Pilze aus der Erde wuchsen. Es trat ein Krach ein, der sogenannte Zuckerkrach. Im Jahre 1882 erhielten die Aktionäre nur ¼ Mark für den Zentner Zuckerrüben. Die Emmenthaler Fabrik hat sich jedoch wegen ihrer Lage und Einrichtung über Wasser gehalten.

In den letzten Jahren sind den Aktionären 90 Pfennige bis eine Mark pro Zentner Zuckerrüben bezahlt, nachdem Dünger und Kerne vergütet wurden. Wegen der in den letzten Jahren gesunkenen Getreidepreise ist der Rübenanbau dennoch rentabel geblieben.

Im gegenwärtigen Jahr 1901 ist wiederum eine Krise in der Zuckerindustrie eingetreten. Der Preis des Zuckers ist auf ein Minimum gesunken. Den Aktionären steht für ihre auf Aktien gelieferten Rüben nur sehr wenig in Aussicht. Es ist eine allgemeine Überproduktion vorhanden. Nicht allein in Deutschland, wo bis zur Zeit über 500 Fabriken in Tätigkeit waren, sondern in allen anderen Ländern der Welt hat die Steigerung des Konsums mit der Produktion nicht Schritt gehalten. Es wird daher wohl eine Einschränkung des Rübenbaues stattfinden müssen.

Im Jahre 1897 wurde ein Verfahren zum Trocknen der Schnitzel angelegt. Die Aktionäre können solche bis zur Hälfte in trockenem Zustande oder auch mit Melasse gemengt, genannt Melassefutter, von der Fabrik zurückerhalten. Letzteres ist für jedes Vieh ein nahrhaftes und mit Gier gefressenes Futter. Auch läßt es sich auf dem Boden längere Zeit aufbewahren.

War nun dieses Opfer mit letzter Anlage erbracht, das ja viele Tausende kostete, wurde zum Bau einer festen Weserbrücke bei Ohsen agentiert. Im Jahre 1898 wurde sie im Interesse der Zuckerfabrik gebaut. Von seiten derselben wurden zweimal 100 000 Mark zugesteuert.

Die gegenwärtige Befürchtung mag ja nicht so schlimm ausfallen und der Preis des Zuckers sich wieder bessern. Es ist doch ein Segen für eine Gegend, in welcher eine rentable Zuckerfabrik in Betrieb ist, einmal wegen der tieferen Kultur des Feldes und der Reinigung des Ackers vom Unkraut, zum anderen wegen der reichlichen Futterabfälle für die Viehhaltung. Erst recht für die Nichtbesitzenden in den Ortschaften. So werden hier im Ort an die Tagelöhnerfamilien und die ledigen Personen seit zwei Jahrzehnten die Rüben, die man nicht selbst bearbeitet und rodet, vergeben. Das sind jährlich 65 bis 75 Morgen, wofür dieselben in bar so 1 800 Mark ausgezahlt bekommen.

Es paßt sich gut, daß die Pflegearbeiten noch vor der Ernte und das Roden nach der Ernte geschieht, und das zu einer Zeit, da die Flachsindustrie gänzlich eingegangen ist. Den Leuten und ihren Kindern kommt dieser Verdienst sehr zustatten. Außerdem haben sie auch noch im Herbst freies Futter für ihr Vieh.

Der Kleebau

Von allem Grünfutter ist der Rotklee in hiesiger Gegend das lohnendste. Er gibt zwei, in guten Jahren auch drei Schnitte und ist für Pferde und Rindvieh ein geschätztes Futter. Im Anfang der Blüte gemäht, auf Reutern getrocknet, bekommt man ein duftendes, aromatisches Heu. Vor 50 Jahren wurden auf einem Bauernhofe etwa drei Morgen gesät. Nach der Separation, als der Weidegang aufhörte und die Stallfütterung eingeführt wurde, wurde das Drei- bis Vierfache an Klee bestellt.

In der Zeit, als noch die Fruchtfolge genau innegehalten wurde, ließ man den Klee erst nach 12 Jahren auf ein und demselben Acker wieder folgen. Man säte denselben nach dritter Gare unter Gerste bei deren Bestellung. Nach der Gerstensaat wurde der Acker mit der Schlichtwalze gewalzt und dann sieben bis acht Pfund Kleesamen je Morgen ausgesät und mit einem Strich eingeeggt. Mitunter wurde auch im Frühjahr unter Roggen Klee gesät. Er wurde nicht eingeeggt. Der gute Auflauf hing von der Gunst des Regens ab. Dieser Klee hatte gedeihliche Vor- züge, da er sozusagen in zweiter Gare gekommen war.

In den letzten 25 Jahren wird der Klee ausschließlich unter Hafer gesät, da bekanntlich keine Gerste mehr angebaut wird. Meistens gleich bei der Haferbestellung. Sind aber Unkraut und Hederek in Aussicht, wartet man, bis der Hafer aufgegangen ist. An einem heißen, sonnigen Tag wird der Kleesamen breitwürfig ausgesät und dann mit der Feinegge ein- oder auch zweimal übergeeggt. Dem Hafer schadet das wenig. Er erholt sich die Nacht darauf schon wieder. Das aufgelaufene Unkraut wie Hederek und der- gleichen wird aber ausgerissen und vertrocknet. Mein Sohn verfährt regelmäßig nach dieser Methode und findet Nach- ahmung im Dorf.

Seit drei Jahrzehnten wird etwa die Hälfte des Klees mit Grassaat gemengt. Anfangs das Englische, später mit bes- serem Erfolg das Italienische Reihgras. Etwa drei Pfund von letzterem wurden, mit sechs Pfund Rotkleesamen gemengt, auf einen Morgen gesät. Mit diesem Klee wurde gewöhnlich beim Grünfutter angefangen. Beim Trocknen ergab dieser mit Gras durchwachsene Klee große Massen.

Vor 40 Jahren und früher gaben der Klee sowie auch alle anderen Fruchtarten nur spärliche Ernten. Wo der Boden kalkarm war, kam er selten fort und mußte oftmals gleich nach dem ersten raschen Abernten umgemacht werden. Danach wurden Bitterwicken mit Hafer zum Grünfutter bestellt.

War der Klee mißraten, so war das ein fühlbarer Mangel. War er gut, so war auch auf eine gute Nachernte zu rechnen. Der Klee als stickstoffsammelnde Pflanze war als beste Vorfrucht zu Roggen und Weizen bekannt.

Die zwölf Morgen Klee, die auf einem Bauernhofe wuchsen, ergaben in nicht zu dürren Sommern reichlichen Ertrag. 20 bis 30 Stück Rindvieh konnten vier Monate davon gesättigt werden. Nicht selten gab er noch 10 bis 15 Fuder Heu.

Bis so um das Jahr 1860 ließ man fast regelmäßig einen achtel oder einen viertel Morgen zur Saat reif werden. Vorzugsweise nahm man den zweiten Schnitt dazu. Die Reife erkannte man daran, daß die ausgeblühten Blütenköpfe sich hart anfühlten und und eine braune Farbe bekamen.

Nun wurde der Klee gemäht, aufgewalkt und in kleine Bündchen gebunden. In lange Haufen gestellt, blieb er zur Nachreife gegen 14 Tage stehen. In einem mit sogenannten Saatlaken ausgeschlagenen Erntewagen eingefahren, wurde er gleich vom Wagen aus gedroschen. Das Stroh, geschüttelt und ausgeharkt, wurde als Futter zur Seite gebracht.

Die Samenköpfe waren schon ziemlich zerfallen, wenn sie an die Seite geschoben wurden, bevor eine neue Lage angelegt wurde. Sie wurden mittels einer Kiepe in eine Ecke auf den Boden gebracht. Im Winter, wenn Aussicht auf Frost war, jedoch nicht unter $-10\,°R$ (10 Reaumur = $12,5\,°C$), wurde die Masse am Abend um die Scheunendiele gebracht und ausgebreitet. Am anderen Morgen ging es dann mit Dreschflegeln darüber her. Durch langes und mehrmaliges Überdreschen erntete man auch den Rest. Durch Reiben in der Hand überzeugte man sich davon, ob auch aller Samen ausgefallen war. Gab es im Winter keinen starken Frost, dann wurden die Samenköpfe in Säcke getan und so nach und nach jedes Mal ein Teil nach dem Brotbacken in den Ofen geschoben. Nach einigen Tagen waren sie dann spröde genug zum Ausdreschen.

Bei der Verwendung des eigenen Samens war man sicher, daß in der Kleefrucht keine Seide vorkam. Dagegen kam das bei aus fernen Ländern gekauftem Samen mehrfach vor.

Diese feine, gelbe, zwirnartige Masse trat auf einer Morgenfläche an vielen Stellen, in Quadratruthen großen Flächen, auf und breitete sich aus. Der Klee wurde gänzlich darunter erstickt. So wurde manchmal ein Kleefeld zur Hälfte verwüstet. Gewöhnlich wurde dieser Unrat abgemäht, ehe der Samen, der mit dem bloßem Auge kaum sichtbar war, sich entwickelte, und an Ort und Stelle verbrannt.

Seit 1870 wurde durch die landwirtschaftlichen Vereine dahin gewirkt, den Kleesamen sowie die Luzernesaat gemeinschaftlich von großen Saathandlungsplätzen unter Garantie der Seidenfreiheit zu beziehen. In landwirtschaftlichen Blättern wurde empfohlen, man solle da, wo sich in den Kleefeldern solche Seide bilde, diese Stellen mit Gerstengrannen oder Flachsscheben dicht überstreuen. Auch mit einer eigens dazu bereiteten scharfen Lauge überbrausen.

Seitdem nun die Saaten alle seidenfrei importiert werden, was den erfundenen Reinigungsmaschinen zu verdanken ist, kennt man seit langen Jahren dieses Unkraut nicht mehr.

Die Methode zum Froken des Heues

Um ein gutes, nahrhaftes Kleeheu zu gewinnen, bedarf es der besonderen Art der Bereitung. Würde man es wie Grasheu behandeln, dann würde das Beste abfallen, und man behielte nur die leeren Stengel. Es hatten schon intelligente Leute zu unserer Väterzeit sogenannte Böcke oder Reuter gebaut, auf die der Klee, wenn er abgewelkt war, gesetzt wurde.

Eine andere Methode war eingeführt, da wurde der halbtrockene Klee in sogenannte Puppen gestellt. Wieder andere ließen ihn in Schwaden liegen und brachten ihn später in Haufen. Er wurde dann so lange umgehäuft, bis er trocken war. Das konnte aber durch einen Schauer Regen vereitelt werden, und nicht selten verdarb dabei die ganze Ernte.

Auch das Aufpuppen ist verwerflich. Alle Apothekenkräuter und Teearten müssen im Schatten getrocknet werden, um denselben die Kraft und das Aroma zu erhalten. Genauso werden auch dem Heu, wenn es zu sehr den Sonnenstrahlen ausgesetzt ist, obige nahrhaften Eigenschaften entzogen.

Vor etwa zwei Jahrzehnten wurde von einem Rittergutsbesitzer, dem Grafen von Arnim, eine Art Reuter erfunden, die, im Gegensatz zu den hier gebräuchlichen schweren und komplizierten, leichter, einfacher und billiger war.

In vielen landwirtschaftlichen Zeitungen wurde durch erwähnten Herrn die Herstellungsweise seiner Reuter mit einer Abbildung erklärend empfohlen. Ich machte mir sofort etwa 30 Stück. Nach dem ersten Gebrauch erkannte ich die Zweckmäßigkeit selbiger und machte deren mehr. Gegenwärtig haben wir so 140 Stück für Klee, Luzerne, Wicken und Erbsen im Gebrauch. Auch bei den übrigen

Wirtschaften hier im Ort hat obige Anschaffung Nachahmung gefunden. Der hiesige Stellmacher liefert diese Reuter vollständig für 45 Pfennige pro Stück.

Zum Aufreutern verfährt man auf folgende Weise:

Ist ein Kleefeld zum Heuen gemäht, bleibt der Klee einige Tage in Schwaden liegen. Je nach der Witterung wird auch einmal, wenn erforderlich, gewendet. Zuweilen ist dieses nicht nötig, und es kann schon am zweiten Tag aufgereutert werden. Das wird so gemacht: Die Reuter werden wegen des Nachharkens in ziemlich geraden Reihen aufgestellt. Die ersten drei Heugabeln voll legt man auf jedes der drei durch die Einlegestangen an der Außenseite gebildeten Kreuze, die dann folgenden drei Gabeln voll in die Zwischenräume auf die Einlegestangen. Nun wird schichtweise fortgefahren bis etwa einen Meter hoch über die Koppelung des Reuters. Das Ganze hat dann so etwa eine Eiform. Nun wird mit der Handharke kreuzweise unter den Reuterhaufen hergezogen, damit nichts mehr auf die Stoppel hängt. Anschließend wird die ganze Fläche mit der Nachharke oder Pferdeharke geharkt und das Harkelse zu den Reuterhafen gebracht. Ist es zu spröde oder ist es windig, so wird es am anderen Morgen im Tau mittels langer Forken auf die Reuterhaufen gelegt. Ein so aufgereutertes Heu sinkt in der Mitte nicht, sondern wird nach außen abhängig. Eintretender Regen sowie auch starker Tau können ablaufen. Das Heu ist so gut wie in Sicherheit, und es kann nach ein oder zwei Wochen eingefahren werden. Es kann auch dreist, wenn es Zeit oder Witterung nicht erlauben, noch länger stehen bleiben.

Ein solches Klee- oder Luzerneheu gewinnt auf den Reutern sehr an Güte. Beim Einfahren sieht man, daß nur eine etwa 4 cm dicke äußere Schicht abgeblaßt ist, dagegen hat die ganze Masse eine dunkelgrüne Farbe behalten und duftet aromatisch. Dagegen ist dem Heu, das in Schwaden oder Puppen getrocknet, durch Sonnenschein und Tau das Aroma entzogen.

Erwähnenswert ist noch, daß vor einem Vierteljahrhundert die Feldändereien hierorts noch teilweise unter einem Mangel litten, nämlich der Kalkarmut. 1874 hatte ich mitten auf dem Plan der langen Wanne sechs Morgen Klee. Im Frühjahr war derselbe krank und schlecht, daß ich ihn bis auf ¼ Morgen am oberen Ende, wo der Boden von Natur aus kalkhaltig war, umpflügen mußte. Solche Fälle kamen, da der Boden nicht allenthalben kleefähig war, nicht selten vor. Seit 1878 habe ich alle kalkarmen Flächen regelmäßig gekalkt. 1892 hatte ich in derselben Wanne wieder sechs Morgen Klee. Ich hatte drei Pfund Italienisches Reihgras darunter gemengt und unter Hafer ausgesät. Das Ganze hatte bei einem dichten Bestand und üppigen Wuchs eine Länge von einem Meter. Ich habe diese sechs Morgen zum Trocknen aufgereutert.

Das Mähen war eine schwierige Aufgabe, denn der Klee hatte sich auch noch nach einem schweren Regen gelegt. Ich mußte noch einige Mäher mehr einstellen.

Inzwischen fertigte ich noch eine Anzahl Arnimscher Reuter an, denn die Böcke, die ich von meinem Vater übernommen hatte, reichten nicht. Diese sechs Morgen gaben 16 Fuder Heu, die so hoch und breit geladen waren, daß sie die Einfahrt in die untere Scheune ganz in Anspruch nahmen. Der zweite Schnitt war auch sehr üppig. Ich erntete zehn Fuder Heu. Der Klee trieb noch zum dritten Male. Er wurde aber zeitig im Herbst gestrekt, damit der Acker noch zur Roggensaat zubereitet werden konnte.

Der darauffolgende Roggen gab 34 Haufen auf den Morgen mit einem Körnerertrag von 14 Zentnern pro Morgen. Über das Wunder der Wirkung des Kalkes nachher mehr.

Die Esparsette

Diese Frucht wurde hier so bis 1850 angebaut. Sie stand auf den schlechtesten Böden, auf denen sich der Anbau anderer Ackerfrüchte nicht lohnte. Auf kalkhaltigen Verwitterungsböden war die Esparsette so recht am Platze. Sie wucherte mit ihrem Wurzelgezweig metertief in die Fugen des steinigen Untergrundes. War sie neun, auch zwölf Jahre gewachsen, hatte sie den Acker an Humus und Boden bereichert.

Im Frühjahr wurde die Esparsette geeggt, um das bildende Gras zu stören. Außerdem wurden massenhaft Steine abgelesen. Was den Ertrag anbelangt, so war immer der erste Schnitt ein sicherer.

Anfang der Blüte wurde mit Grün zu füttern angefangen. Die Pferde bekamen nur Esparsette und konnten die schwerste Arbeit bei diesem Futter täglich verrichten. Mit dem zweiten Schnitt konnte man nur in den seltensten Fällen rechnen. Gewöhnlich wurde solange gefüttert, bis der Rest ausgeblüht hatte und Samen ansetzte. Vorzugsweise wurde die Esparsette in der vollen Blüte gemäht und zu Heu trocken gemacht, ähnlich wie beim Rotklee.

Zur Saatgewinnung wurde gewöhnlich eine Parzelle reif werden lassen. Der Samen, der an Größe der Linse ähnlich war, mußte dunkelbraun sein. Dann wurde er von der Staude mit der Hand abgestreift und in umgehängte Säcke getan. Die Saatstengel wurden danach noch gemäht und galten als minderwertiges Futter. Da der Samen großkörnig war, mußten vier Himten à 10 Kilo auf einen Morgen gerechnet werden. Der Preis des Saatgutes richtete sich immer nach dem Preis des Roggens. 10 Kilo entsprachen 25 Kilo Roggen.

Die Dauer des Gedeihens der Esparsette auf ein und demselben Acker sowie die Wiederkehr derselben wurde auf 12 bis 15 Jahre angenommen.

Die Luzerne

Dieses geschätzte Futtergewächs ist erst in der Mitte des vorigen Jahrhunderts hier bekannt geworden. Es hat sich jedoch wegen der ins Auge fallenden hohen Erträge ziemlich rasch eingebürgert und die Esparsette verdrängt. Die Luzerne gedeiht am sichersten auf kalkhaltigem Boden, aber auch auf schwerem Ton mit durchlässigem Untergrund. Den Samen der Luzerne beziehen die Kaufleute aus fernen Ländern. Wenn man die richtige Saat erhält, nämlich aus einem für uns geeigneten Klima, dann kommt die Frucht gut weiter. Im zweiten Jahr haben ihre Wurzeln die Fugen des Kalkfelsens gefunden, in die sie nach und nach metertief eindringen. Sie kann mehrere Male im Jahr gemäht werden. Ihre Erträge sind mitunter staunenswert.

Während ihres neun bis zwölfjährigen Bestandes bereichert sie den Acker mit düngenden Bestandteilen und Humus. Nach dem Umbruch kann mit gutem Erfolg zwei- bis dreimal Hafer folgen, ehe der Boden wieder gedüngt werden muß und andere Früchte kommen.

In den ersten Jahren der Einführung der Luzerne wurde sie nur im grünen Zustand an Pferde und Rindvieh verfüttert. Es stellte sich jedoch bald heraus, daß sie getrocknet ein sehr gutes Heu gab. Das Trockenverfahren war das gleiche wie beim Rotklee.

Ähnlich wie bei der Esparsette bildete sich das gewöhnliche Gras. Daher wurde die Luzerne im Frühjahr, wenn der Frost aus dem Boden war, tüchtig geeggt, um das Überhandnehmen des Grases zu stören. Wenn das Gras zu schlimm war, wurde das Luzernefeld mit scharfen Eisen flach gestreket, der Grasfilz geeggt und trocken gemacht. Die Luzerne ist wieder durchgekommen.

Der Anbau der Luzerne wird noch viel zu wenig gewürdigt! Ich war zum Beispiel mit meinen Leuten in dem Plane „Auf dem Brinke" und streute Mist zu Erbsen. Der Großknecht äußerte sich: Der Mist käme aber gut darauf zu liegen. Ich entgegnete: In 18 Jahren würde der Acker voraussichtlich erst wieder gedüngt. Darauf sahen mich alle verwundert an. Ich erklärte wie folgt: Jetzt, 1880, düngen wir zu Erbsen. Nach den Erbsen folgt Roggen und darauf kommt Hafer mit untergesäter Luzernesaat. Diese wird nach 12 Jahren umgebrochen. Es folgt dann zweimal hintereinander Hafer. Erst dann, etwa zu derselben Frucht wie heute, wird wieder gedüngt.

Das war die damals übliche Fruchtfolge. Zieht man das schwierige Beackern der schlechteren Bodenflächen mit in Betracht, man hat dann einige Jahre Ruhe, so muß man zugeben, daß die Luzerne noch viel zu wenig angebaut wird.

Der Englische Klee oder Gelbklee

Er ist hier auf dem Hofe fast regelmäßig in dem Plane vor und auf dem Brinke angesät. Es wurde wechselweise ein halber Hektar auf der etwa drei Hektar großen kalkhaltigen Fläche gebaut.

Bei diesem Klee ist nur auf einen Schnitt zu rechnen. Ausgangs Juni wurde er gemäht und so wie beim Rotklee und bei der Luzerne auf Reuter gebracht. Dieser Klee gibt ein nahrhaftes Heu und, unter Pferdehäcksel gemengt, gilt er als Haferersatz.

Die Parzelle wird gewöhnlich drei Wochen vor der Getreideernte leer. Nachdem die Stoppel gestreket und geeggt sind, werden die Steine fuderweise abgelesen, und die Fläche wird unter Kultur genommen. Sie wird mit schlamm- und sandhaltigem Boden aus der mittleren Wiese geimpft. Im Durchschnitt kamen auf einen Morgen so 80 Kubikmeter. Auf diesem Boden wuchs dann Weizen.

Zusammenfassung

Aus den Vorhergehenden ist zu ersehen, daß seit der Mitte des vorigen Jahrhunderts bis zur Gegenwart folgende Pflanzen hierorts hinzugekommen sind:

Die Bohne, die Rübe zur Zuckerfabrikation und die Luzerne.

Dagegen sind als nicht lohnend ausgeschieden:

Linse, Gerste, Rübsen, Wintersaat, Flachs, Rauhzeug und Erbsen.

Die Treidelschiffahrt

In der Zeit so bis um das Jahr 1870 gab es noch keine Schleppdampfer. Sämtliche Schiffe stromaufwärts mußten mit Pferden gezogen werden. Zu diesem Zweck hatte jedes Schiff, ob groß oder klein, zur Bergfahrt einen Tannenmast von 10 bis 18 Meter Länge. Aufgestellt war er vom Vorderkiel bis auf ein Drittel der Länge des Schiffes. Oben war er mit Tauwerk versehen, welches nach vorn und hinten auf dem Schiff befestigt war.

Der Mast war nach oben schlank gearbeitet und hatte auf der Spitze ein durch den Wind bewegliches Kreuz. Daran war ein 15 cm breites und 60 cm langes Fähnchen in den Landesfarben des Schiffseigners befestigt. Man sah daran, ob er ein Hannoveraner, ein Bremer, ein Hesse, ein Braunschweiger oder ein Preuße war. War in der Familie ein Sterbefall, dann sah man eine Zeitlang eine schwarze Fahnenschleife am Mast. Der Steuermann hatte dieses Fähnchen wegen des Windes zu beobachten. War die Windrichtung günstig, dann konnte am Mast ein Segeltuch aufgezogen werden.

In ziemlicher Höhe am Mast waren mehrere 30 bis 50 Meter lange Taue angebracht. Je nach Lauf des Stromes wurden sie bei der Bergfahrt kurz oder lang gelassen. Vor jeder Leine waren drei Pferde hintereinander eingespannt. Das Vorderpferd ging am Ende der Hauptleine, das nächste war etwa zwei Meter dahinter mittels eines drei Meter langen Taues vom Schwengel ab an der Hauptleine befestigt. Das dritte zog auf dieselbe Weise an der Hauptleine. Dann folgten an einer zweiten Hauptleine ein viertes, fünftes und sechstes Pferd. Bis zu 15 Pferde waren in einer Reihe angespannt.

Zu je drei Pferden gehörte ein Treiber mit einer kurzen Peitsche. Die Tiere gingen aber nach den Worten des Treibers ohne jegliche Leitung. Vom Schiff war noch ein sogenannter Leinenreeper eingesetzt. Die drei, vier oder fünf schweren Leinen schleppten auf dem Ufer entlang und setzten sich mitunter im Gebüsch fest. Der Treiber hielt dann die Pferde an, und die Leine wurde freigemacht. Man nannte dieses: Reepen. Die Leinen durften nicht im Strom schleppen. Sowie das geschah, rief der Mann, der das Treiben in Obacht hatte, vom Schiffe: Lin klar! Beim Klartreiben flog dann das Wasser meterhoch in die Höhe.

War es erforderlich, die Leinen der Reihe nach kürzer zu ziehen oder länger zu lassen, wurde den betreffenden Treibern vom Schiffe zugerufen: Ö-ha. Die übrigen Pferde hatten dabei stärker zu ziehen, damit das Schiff nicht langsamer wurde.

Kam ein Schiff stromauf, dann hörte man das schon eine viertel Stunde Wegs vorher. Schon beim gewöhnlichen Treiben gab es einen Höllenlärm. Die Treiber riefen ihre Pferde beim Namen und „hot" und „har" dazu. Sie sprangen dabei neben ihren Pferden hin und her, die Arme mit der kurzen Peitsche stets hoch wuchtend mit dem Rufe: Jö, noch einmal.

Die vor den großen Schiffen vorspannenden Treiber waren die „Unterländischen". Man erkannte sie an den Pferden. Es waren schwere, gut genährte, meistens dänischer Rasse, und sie kamen aus Großen- und Kleinenwieden unterhalb Hamelns. Die vor kleinen und größeren leeren Schiffen gespannten kamen aus Rühle und Dölme.

Gefürchtete Stellen hatten die Treiber in unserer Gegend bei den Latferder Klippen, auf dem Plessen und bei der Dölmer Gosse. Dic Weser hatte bis derzeit noch das natürliche Flußbett. An diesen Staustellen gab es reißende Stromstrecken. Es war schauderhaft anzusehen, was die Pferde dort leisten mußten. Sämtliche Pferde, die durch das Höllengeschrei fest und derbe, langsam einsetzten, schienen jeden Augenblick kopfüber zu schlagen. Bei solch einer Bergfahrt hatten die Treiber von morgens früh bis mittags ohne Pause zu treiben. Zu Mittag legte das Schiff gewöhnlich hier in Daspe an. Dann wurden die Pferde eine Stunde gefüttert, und danach ging es weiter.

Meistens richteten sich die Treiber dazu ein, daß sie auch am Abend hier Quartier nahmen. Das Futter für die Pferde holten sie sich vom Schiff. Ihre eigenen Lebensmittel hingen auf einem Pferde in einem Quersack.

Die Wirte in den Weserortschaften hatten zu diesem Zwecke sogenannte Reiseställe, so auch hier in Daspe. 30 bis 40 Pferde konnte der Wirt hier unterstellen. Gewöhnlich hatte der Wirt Pellkartoffeln zu kochen. Die Treiber aßen ihren Speck dazu. Der Wirt stand sich nicht schlecht bei dieser Passage, denn er hatte noch den kräftigen Mist gratis.

Der Ausbau der Weser

In Betreff der Konvention (Abkommen) des Weserflußbettes sind seit 1860 Regulierungen des Weserstromes von seiten des Staates vor sich gegangen. Beide Seiten des Stromes sind mit sogenannten Buhnen versehen. Das sind Aufschüttungen von Schutt quer in den Strom, mit Steinen gepflastert, um die Strömung des Wassers mehr in die Mitte des Bettes zu bringen. Auf diese Weise sind auch die knappen Kurven der Weser beseitigt, und dem Weserbette wird eine gleichmäßige Breite gegeben.

Im Jahre 1873 und den folgenden wurden von der Preußischen wie auch von unserer Regierung zur Korrektur des Weserbettes Leinfahrten, man sagt hier Schifferstiege oder Treibwege, gebaut. Einmal wollte man die zum Teil weiten, abseitigen Wege, auf denen die Pferde durch Sümpfe waten mußten, beseitigen und zum anderen den Strom abgrenzen.

Ehe dieses Projekt verwirklicht werden konnte, wurden die anliegenden Interessenten der Wiesen aufgefordert, und es wurde ihnen anheim gestellt, wegen der Vorteile, die ihnen zugute kämen, zu dem Ausbau eine gewisse Summe beizusteuern.

So wurde dann auch durch so manches Hin- und Herverhandeln vereinbart, zu der Strecke von der Hajer bis zur Heyer Grenze, das sind 700 laufende Ruthen oder nach Reichsmaß 3 200 Meter, nach Fertigstellung des Weges von den angrenzenden Besitzern der Wiesen für je eine laufende Ruthe einen Taler = drei Mark beizusteuern. Diese Beträge sind nach der Fertigstellung des Baues von den betreffenden Interessenten, nach Ermittlung durch Ausmessen der Wasserflächen zwischen den Grenzen der Buhnenköpfe und dem Ufer oder der Leinfahrt, mit 90 Pfennige pro Quadratruthe berechnet. Ich hatte für meinen Teil 237 Mark abzugeben.

Bevor es aber zum Ausbau kam, verging noch einige Zeit. Die Buhnen waren schon vorher fertig. Die Pflastersteine für den Schifferstieg lagen schon längere Jahre haufenweise in den Wiesen, was eine Empörung bei den betreffenden Interessenten hervorrief.

Eines Tages erfuhr ich, daß eine Kommission von Herren der Kreisdirektion Holzminden und einer Baubehörde aus Braunschweig nach hier käme, um die Sache in Augenschein zu nehmen. Als derzeitiger Gemeindevorsteher hatte ich nun nichts Wichtigeres zu tun, als diese Gelegenheit zu benutzen. Ich stellte mich den Herren als Vorsteher der Gemeinde vor und bat, mir Gehör zu schenken. Ich sagte, daß die Interessenten ungehalten über das schon lange Lagern der Pflastersteine in ihren Wiesen seien, und fragte, ob nicht bald weitergebaut würde.

Die Kreisdirektion entgegnete, sie wäre in der Hoffnung, daß demnächst die Mittel von der Regierung bewilligt würden, denn es koste ja ein Heidengeld. Darauf antwortete ein Baurat aus Braunschweig sehr schroff: Die Anlieger seien verpflichtet, die Materialien zum Bauen auf ihren Wiesen zu dulden. Der Bau des Leinpfades geschähe nicht im Interesse der Bauern, sondern im Interesse der Schifffahrt. Diese hätte das Recht zu treiben.

Anläßlich einer Militärmusterung im Herbst 1871 mußte ich nach Holzminden. Bei dieser Gelegenheit ging ich zum Wasserbau-Inspektor, um Schutt aus dem Weinbergsbruche zur Aufschüttung der Leinfahrt zur Verfügung zu stellen. Dort wurde mir auch die erfreuliche Antwort zuteil, das Geld zum Ausbau liege auf der Kreisdirektion, und nun stehe dem Anfange nichts mehr im Wege. Mit dem Aufschütten des Schuttes aus unserem Steinbruche wurde mittels kleiner Fahrzeuge nun bald begonnen, und in zwei Jahren war die Leinfahrt in Daspe fertig.

Bis zur eigentlichen Korrektion des Weserbettes ist von seiten der Regierung für die Schiffahrt hierorts nie etwas geschehen. Zwischen Wiesen und Weser war keine Grenze vorhanden. Das wilde, von Natur bestehende Flußbett wechselte zwischen schmal und breit und hatte Staubuchten. Auch die Strömung in der Mitte war entsprechend stark oder schwach.

Durch die Anlage der Buhnen und die spätere Leinfahrt sind nicht allein die knappen Kurven beseitigt, sondern das Flußbett hat auch eine gewisse Breite bekommen, und das Wasser wurde mehr in die Mitte des Stromes geleitet.

In den letzten zwei Jahrzehnten sind die Berge, auch Köpfe genannt, im Flußbett ausgebaggert worden. Der grobe Kies wurde zur Anlage neuer Buhnen benutzt. Es wurde auch wiederholt das ganze Flußbett ausgebaggert. Dadurch ist dem Weserbette nicht allein eine gleichmäßigere Strömung, sondern dem Fahrwasser auch eine einigermaßen gleiche Tiefe gegeben.

Bis dahin hatten die Anlieger an den meisten Stellen mit den Elementen zu kämpfen. Bei Hochwasser und Eisgang hatte man Last, dasjenige zu schützen, was da war. Die Ufer wurden trotz des derben Buschbestandes unterwühlt, und nach jedem Hochwasser mußte neu gerammt werden.

Durch die Anlage der Buhnen ist das nun ziemlich beseitigt, denn das Wasser hat am Ufer mehr Stau. Ein sehr wesentlicher Vorteil für die Anlieger besteht darin, daß die Treiber nun durch die Anlage der zwei Meter breiten, gepflasterten Leinfahrt auf dieselbe angewiesen sind und sie auch gern benutzen. Vordem zerstampften sie zwei- bis dreimal soviel Gras. Es war ein Jammer anzusehen, wenn kurz vor dem Mähen zwei, manchmal auch drei Schiffe mit je 15 Pferden die Weser hochkamen und das Gras zertraten.

Durch die Aufbringung und Anlegung der Leinfahrt sind zum Beispiel vor der Ortslage und in der Gegend der Mitte des Weinberges von dem damaligen natürlichen Ufer bis an den Treibweg oder Leinfahrt von dem wilden Weserbette Streifen und Flächen abgefallen. Diese Flächen hatten nur geringen Wert, denn sie waren steril, und sie lagen oft unter Wasser. Diese Flächen wurden als Eigentum der angrenzenden Wiesenbesitzer betrachtet. Auch die Observanz (Gewohnheitsrecht) des bisherigen freien Anlandens war mit dabei im Spiel.

Diese zwischen der etwa zwei Meter hohen, aufgeschütteten und gepflasterten Leinfahrt und den Wiesen liegenden Flächen waren zwar vor Eisgang und Strömung im sicheren Schutze, aber sie waren nutzlos. Wer sollte da nicht auf den Gedanken kommen, die daneben liegenden Wiesen, die sich seit Hunderten von Jahren aufgelandet hatten, abzutragen und die wasserfreien Flächen damit aufzufüllen? Die hier vor dem Hause liegende Fläche war ¾ Morgen groß, und die unten am Dorf liegende Fläche enthielt annähernd 2 Morgen. Die Wiesen unten am Dorf habe ich in den Jahren 1873 und 1874 planiert. 420 Schachtruthen oder 2500 Kubikmeter Boden wurden dabei verhandhabt. Im Sommer 1881 wurde die Wiese vor dem Hause durch Auf- und Abtragen um ein Dreifaches vergrößert.

Als die mittlere Wiese 1875 fertig war, gab diese durch die staunenswerten Erträge mehreren Besitzern hier Anregung zur Abtragung ihrer Wiesen. Es war im Vorsommer 1889. Wir waren beim Grasmähen auf der Wiese im Niederen Felde. Ich schlug das Gras auseinander und kam mit den Mähern auf die Erträge der Wiesen zu sprechen. Die Mäher meinten, es gäbe hier doch nur den dritten Teil gegen das in der großen Wiese. Ein alter Mäher, der frühere Gemeindeschäfer, sagte: No! Hehre, nu mal in Water herup en Tünn gemaket von einen Hakenkoppe bet na en annern un denn den ganzen Bode da herin. Et is heir doch einmal tau haug. Von den anderen wurde er ausgelacht mit dem Bedeuten, daß er wohl nicht wisse, wie tief das Wasser dort sei und wo der Boden bleiben solle. Darauf der Alte: No, ek weit, use Hehre het al sau viel maket, hei bringet düt auk noch emal fertig.

Die Worte des alten Ebbeke klangen mir noch lange in den Ohren. Eines Tages pflügte ich im Niederen Felde. Da ging ich an Ort und Stelle auf die Wiese. Der Weserstand war zufällig ziemlich niedrig, und das Wasser war klar, so daß man den Grund sehen konnte. Die Tiefe des Wassers am Ufer war noch sehr beträchtlich. Je weiter man aber in Richtung der Hakenköpfe sah, stieg die Fläche des Grundes an. Dort hatte sie nur eine Tiefe von einem Meter gegen zwei Meter am Ufer.

Die Wasserfläche zwischen den Haken war mir durch den Betrag von 90 Pfennigen pro Ruthe zu eigen geworden. Das könnte eine ertragreiche Wiese werden. Das war im Herbst. Im Winter beim Holzhacken wurden so nebenzu gegen 170 Pfähle gemacht, und ich kaufte noch zwei Haufen Zäunebraken.

Nach der ersten Heuernte war der Wasserstand günstig. Ich lieh mir ein Schiff, und vom Schiff aus machten wir den Zaun zwischen den beiden Hakenköpfen. Alle Tagelöhner, die ich entbehren konnte, setzte ich dazu ein, den Boden von der höher gelegenen Wiese in dieses Loch zu fahren. Für eine Schachtruthe zahlte ich eine Mark. Außerdem fuhr ich noch Boden von weiter heran.

Bevor ich mit dieser Arbeit begann, holte ich bei der Wasserbau-Inspektion die Genehmigung ein und fragte, wie hoch ich mit der Auftragung gehen könne. Der Bauinspektor erwiderte mit Freude: So müßten es die Anlieger man alle machen. Ich durfte die Aufschüttung nicht höher als die Bühne machen und selbstverständlich auch nur bis an die Buhnenköpfe.

Bei jedem Auskippen einer Karre löste sich ein Teil des feinen Bodens auf und zog durch den Zaun in den Strom. Auch durch die Passagierdampfer, die täglich fuhren, holten die Wellen bei jeder Fahrt Erde durch den Zaun.

Als alles geebnet war, pflanzte ich einen Meter breit an der Weser entlang Weidenbüsche. 1 800 Stecklinge hatte ich schon länger im Wasser stehen und treiben lassen. Die gesamte Fläche, auch die alte Wiese, wurde extripiert, geeggt und mit Gras- und Kleesaat besät. Die neue Fläche, etwa 80 bis 90 Quadratruthen enthaltend, wurde zu Zeiten wenn nötig auch mal begossen.

Diese neue Kultur hat, obwohl sie etwa 500 Mark gekostet, sich doch reichlich gelohnt. Habe ich doch bis jetzt, 1901, 22mal geerntet! Der Ertrag bei dem ersten wie auch bei dem zweiten Schnitt machte keinerlei Unterschied. Es gab ein schweres und saftiges Heu, ohne Pflügen, ohne Eggen, ohne Einsaat und ohne Dünger!

Durch wiederholtes Ausbaggern des Weserbettes wird der Wasserstand tiefer. In einem trockenen Sommer mangelt den hohen Wiesen die von unten aus dem Kies aufsteigende Feuchtigkeit. Auf die Düngung der Weserwiesen wurde wenig gegeben. Durch das Hochwasser, das fast jeden Winter vorkam, setzte sich Schlamm ab, der düngende Bestandteile enthielt. Die Wiesen wurden, nachdem die Vegetation begann, geeggt mit in die Eggen eingeflochtenen Dornen. Das Eggen übte einen sichtbaren Eindruck auf das Wachstum aus.

Seit zwei Jahrzehnten hat man die Freude, daß die Wiesen nach der Weserseite hin nicht mehr durch eine Reihe Schiffsvorspann-Pferde zertreten werden. Seit zehn Jahren wird nur noch in ganz seltenen Fällen ein Schiff durch Pferde gezogen.

Die Bruchwiesen sind seit 1875 auch verschwunden und deren Flächen zu Ackerland gemacht. Bis zur Separation

1847 war das Bruch ein Anger von 46 Morgen. Danach erhielt jeder Interessent ein dem Gesamtbesitze entsprechendes verhältnismäßiges Teil. Diese Pläne waren meistens zu Wiesen eingeteilt, da sie zum Beackern zu sumpfig waren. Das daselbst geerntete Heu ließ an Masse nichts zu wünschen übrig, aber es war sehr leicht. Bei dem geringsten Luftzuge mußte man selbiges beim Laden auf dem Wagen festhalten, damit es nicht fortwehte. Es mußte häufig zusammengetragen werden, weil man nicht allenthalben, des Sumpfes wegen, mit den Erntewagen fahren konnte. Auch beim Füttern empfand man seine Wertlosigkeit.

Einmal habe ich erlebt, daß bei einem Nachbarn von unserem Plane rechts mit einem vierspännigen Erntewagen beim Aufladen, als etwa die Leitern voll waren, alle vier Pferde bis an den Bauch versanken. Wir machten alles los. Den an die Deichseln gekoppelten Pferden mußten wir das Geschirr entzweischneiden, daß sie frei waren und alle vier sich losarbeiten konnten.

1850 wurde die Drainage mittels Tonröhren erfunden. Mein Vater beschaffte sich von Kirchohsen Tonröhren. Ich bekam von einem meiner Cousins aus Pattensen eine Beschreibung der Drainage und machte dann unseren Besitz zu Ackerland.

Die Nachahmung durch andere Besitzer fand erst längere Jahre danach statt, als der sichtbare Erfolg bei unserem Plan ins Auge fiel. Der letzte hat 1878 drainiert und seine Wiese so auch zu Ackerland gemacht.

Die Haltung der Haustiere

Das Pferd

Pferde wurden auf bäuerlichen Besitzungen neben der Zucht als Arbeitspferde genutzt. Alle Fuhren und Erntearbeiten wurden nur mit Pferden gemacht. Sogar die Kleinkötner hatten ein Pferd. Wenn sie Fuhren hatten, dann taten sich immer zwei zusammen. Die Großkötner hatten zwei bis drei Pferde, und sie züchteten auch noch nebenbei.

Nach 1850, als das Weiden aufhörte und auch die Feldwege besser wurden, setzten sich so nach und nach bei den kleineren Betrieben die Kuhgespanne durch. Auf größeren Gütern wurden um diese Zeit die Ochsengespanne eingeführt.

Der Staat förderte die Pferdezucht. Schon vor 1850 wurden bei uns im Braunschweigischen Deckstationen eingerichtet. Auf den größeren Bauernhöfen wurden im Jahre so eine oder auch zwei Stuten trächtig. In den fünfziger bis zu den achtziger Jahren wurde die Züchtung heißblütiger Tiere seitens der Regierung sehr gefördert. Das waren Tiere mit feinem Gliederbau, dabei stark gebaut mit kleinem Kopf und von elegantem Wuchs.

Der Staat stellte die sogenannten Vollbluthengste auf den Deckstationen zur Verfügung. Der Abstamm der Züchtung wurde benannt mit Halbblut, Dreiviertelblut und Vollblut. Alljährlich wurde für die Kreise Holzminden und Gandersheim in Eschershausen eine Pferde- und Fohlenschau abgehalten. Dort wurden Pferde und Fohlen prämiiert.

Wenn Fohlen im Alter von 1½ Jahren sich durch schönen Wuchs und stolze Gangart auszeichneten, so wurden diese Tiere nach Vorzeigung des Fohlenscheines mit hohen Prämien bedacht. Sie bekamen dann an Ort und Stelle ein etwa zwei Hand großes Wappen an der linken Lendenseite eingebrannt. Unter der herzoglichen Krone waren die beiden Buchstaben F W (Friedrich Wilhelm). Es war eine Freude, ein solches ausgezeichnetes Tier mit seiner stolzen Gangart anzusehen! Die herzoglichen Husarenregimenter wurden mit Pferden dieses Schlages ausgerüstet.

Es stellte sich aber so nach und nach heraus, daß diese heißblütigen Tiere zu Ackerzwecken weniger gut zu gebrauchen waren. Ich denke da an den Besitzer des Hofes Nr. 2. Er hatte die Freude, daß zwei Stück 1½jährige Fohlen wegen ihres eleganten Aussehens in Eschershausen mit den höchsten Prämien bedacht wurden. Bei der Arbeit hatte er aber kein Glück damit. Das eine, als es im vierten Jahre angelernt wurde, war sehr kitzelig, und es wurde ein sogenannter Strangschläger. Es wurde alles Mögliche versucht, im guten wie im bösen. Aber nichts half, und so mußte es als minderwertig gegen ein ruhiges Pferd getauscht werden.

Bei dem anderen geschah es beim Eggen. Infolge luftiger Sprünge und Rücke am Zügel riß der Zaum entzwei. Das Pferd ging durch, die Egge flog durch die Luft und dem Tier in ein Vorderbein und brachte es zum Fallen. Ein Tierarzt aus Börrye hat dasselbe sieben Wochen behandelt. Es mußte aber letzten Endes vom Abdecker geholt werden.

Mein Vater versuchte es in den 40er bis 60er Jahren auch mit der Pferdezucht. Er hatte aber kein großes Glück damit. Er kaufte dann gewöhnlich auf dem Markt in Hameln ein 1½jähriges Fohlen. Die männlichen Tiere waren kastriert, hannoverscher, mecklenburgischer auch Holsteiner Rasse. So ein Fohlen kostete acht bis neun Pistolen, also 132 bis 148 Mark. Ein fünfjähriges, gutes, tadelloses Arbeitspferd, es waren schwere dänische Walla-

Das Pferd, der treue Helfer des Bauern.

che, kostete bei 14 Tagen Probezeit 16 bis 18 Pistolen oder nach Reichsmünze 245 bis 278 Mark. Bei den Pferdeimporten wurde nach Pistolen gehandelt. Die Pistole, eine Goldmünze, hatte den Wert von 5½ Thalern oder 16½ Mark. Die Bauern unter sich handelten aber stets nach Thalern. Bis 1860 wurden die Pferde nur sehr dürftig ernährt. Es gab auch nicht so viel Arbeit für die Tiere. Fuhren gingen nur vierspännig, und die Ackergeräte waren bis dahin einfach und leicht.

Auf den Vollmeierhöfen, die sechs Pferde hatten, war noch ein siebentes und bei vier Pferden ein fünftes als Reservepferd vorhanden. Bei den Mengen Strohhäcksel, die die Tiere fraßen, kam es häufiger vor, daß sie Verstopfung oder Kolik bekamen und dann einige Tage im Stall bleiben mußten. Häufig hatten diese Krankheiten auch einen tödlichen Ausgang.

Sämtliche Arbeitspferde hier und im Umkreis hatten einen den Körper des Tieres entstellenden, starken Leib. Wenn sie morgens nach dreistündiger Futterzeit einen belästigenden Gang aufs Feld hatten, so galt das als Zeichen, daß der Knecht gut gefüttert hatte.

Daß ein Pferd mit puren Strohhäcksel und Wasser erhalten werden kann, haben die Kötner hier im Dorf bewiesen. Ihre ein oder zwei Pferde bekamen von November bis April nur Strohhäcksel zu fressen. Das wenige Heu war für die Kühe. Im Mai wurden sie dann 14 Tage auf den Bruchanger getrieben. Abends abgeschirrt, kamen sie dorthin zur Nachtweide und wurden morgens wieder zur Arbeit geholt.

Die Pferde auf den Bauernhöfen erhielten an Futter neben dem wenigen Heu Strohhäcksel und heile Körner. Zu meines Vaters Zeiten mußte der Großknecht von November bis April für die sechs oder sieben Pferde morgens vor Tage vier Bunde Haferstroh und ein Bund Wicken schneiden. In der übrigen Zeit wurde das Futter, wie es gerade gewachsen war, geschnitten. Etwa zwei Bunde Hafer, ein Bund Wicken, drei Garben Roggen und dazu Roggenstroh, daß es genug war. Das waren pro Tag und Pferd zehn Pfund Roggenstreu, sieben Pfund Haferstroh, fünf Pfund Heu, ein halbes Pfund Wicken, ein halbes Pfund Roggen und knapp zwei Pfund Hafer.

Das Korn wurde immer sehr knapp zugemessen. Daher war es auch kein Wunder, wenn die Knechte die Gelegenheit benutzten, bei ihrer Abendarbeit den Pferden Gedroschenes einzuschütten. Das hatte jedoch oft gefährliche Folgen für die Tiere, denn sie waren solche Portionen nicht gewohnt. Außer Kolik, Krämpfen und Verstopfung bekamen die meist jüngeren Tiere eine Lahmheit in die Beine. Es hieß dann: Es ist „reh gefüttert". Das ist mit ein Grund, daß ein überzähliges Pferd gehalten wurde.

Eine weitere Krankheit trat in früheren Jahren bei den Pferden oft auf: das Erblinden. Ob es am Futter oder an der damals gehaltenen heißblütigen Rasse gelegen hat, weiß ich nicht. Die auf einem Auge Erblindeten nannte man Halbblinde, die auf beiden Augen Erblindeten Stockblinde. Beim Kauf von Fohlen und jungen Pferden wurden die Augen besonders beachtet. Traten die Augen stärker aus dem Kopf heraus, so galt das als Zeichen, daß sie nicht so leicht erblindeten, als wenn die Augen eine flache Lage hatten.

Mein Vater hatte einen Grauschimmel. Er hatte ihn dreijährig in seinem Geburtsort Esperde vom Züchter für 68 Thaler gekauft. Ein paar Jahre später kaufte er von dort ein drei Monate altes Saugfohlen für 24 Thaler. Das war für damalige Zeiten ein sehr guter Preis. Sie stammten auch vom Vollbluthengst ab. Der Grauschimmel wurde im siebenten Jahre stockblind und der Schwarze erblindete in den mittleren Jahren auf einem Auge. Der eine wurde 25 Jahre und der andere 27 Jahre alt.

Ein blindes Pferd beanspruchte bei der Arbeit viel Obacht. Es mußte aus und in den Stall geleitet werden. Wenn ein Stein im Wege lag, oder ein Gegenstand zu übersteigen war, so wurde dem Tiere „Hö-lung" zugerufen. Darauf ging es sofort vorne hoch und kam nicht zum Stolpern. Wenn mein Vater sah, daß sich bei einem Pferde ein Auge trübte, dann strich er abends Menschenkot hinein. Am anderen Morgen wurde es mit kaltem Wasser ausgewaschen und war dann meistens wieder klar. Beim Verkauf hatte ein blindes Pferd nur den halben Wert. Daß bei dem Erblinden der Pferde tierärztliche Hilfe angewandt wurde, ist mir nicht erinnerlich.

Mit den damals hier eingeführten Rassepferden hatte man wegen des kitzeligen, feurigen Temperamentes stets Sorgen. Schon das Ziehenlernen vorm Pfluge, das immer die erste Probe war, bereitete oft Schwierigkeiten. Das Beschlagen war auch immer ein Risiko.

Das Züchten klappte bei uns selten, denn die Stuten nahmen nicht gut auf. Wollten wir ein Fohlen aufziehen, dann ging mein Vater im Herbst nach Hameln auf den Markt und kaufte dort ein 1½jähriges Fohlen. Wir alle im Haus freuten uns dann auf den Abend, wenn er damit nach Hause kam. Wir waren sicher, daß dieses, meines Vaters Meinung nach, auch das schönste Tier war, was es auf dem Markte gab. Mit diesen nicht so feurigen hannoverschen, mecklenburgischen oder holsteinischen Tieren hatten wir gewöhnlich Glück.

1865 habe ich den Hof von meinen Eltern übernommen. Damals hatten wir drei ältere Pferde und zwei 3½jährige. Ich verkaufte ein älteres Pferd und richtete mich mit zwei neuen Pflügen ein. Diese hatten Stahlstreichschare und hatten auch ein Vorschäleisen, im Gegensatz zu den alten hölzernen Pflügen, mit denen man nur bis 12 cm tief pflügen konnte.

Das tiefe Pflügen, die frühere Bestellung und die schon käuflichen künstlichen Düngemittel brachten nicht nur mehr, sondern auch schwereres Korn. Es war nun geboten, auch die Fütterung umzustellen. Es wurde jetzt reines Stroh geschnitten und der Hafer gewogen oder gemessen zugemischt. Bohnen oder dergleichen wurden grob geschroten zugegeben. Später wurde das gemengte Futter auch nicht mehr mit Wasser übergossen, sondern es wurde dank der neuen Fütterungslehre, die unsere Söhne auf der Schule lernten, die Trockenfütterung eingeführt.

Bei der Veränderung des Pferdestalles hatte ich auf Anraten meines Sohnes in den Krippen für je zwei Pferde einen Behälter abgeteilt, woraus sie nach Gefallen saufen konnten, das Futter aber trocken fraßen. Das hatte den Vorteil, daß es beim Kauen eingespeichelt und somit besser verdaut wurde.

Ab 1876 bauten wir Zuckerrüben an und hatten nun zusätzliche Fuhren zur Zuckerfabrik Emmerthal. Da hat man gesehen, daß bei rationeller Fütterung die Tiere mit ihren schlanken Leibern mehr leisteten als vordem die dicken mit Stroh gefütterten Pferde. Außerdem gingen auch die häufigen Augen- und Darmerkrankungen zurück.

Auch in der Züchtung hat sich eine wesentliche Veränderung zugetragen, was einem schroffen Gegensatz zur damaligen Zuchtrichtung entspricht. Wurde so in der Mitte des 19. Jahrhunderts die Aufzucht der heißblütigen, feurigen Rasse von seiten des Staates empfohlen und gefördert, so wird etwa ab den 80er Jahren auf den Deckstationen der schwere Belgier, auch Kaltblut genannt, zur Verfügung gestellt. Dieser ruhige Pferdeschlag ist schon nach Vollendung des dritten Lebensjahres ausgewachsen und zur Arbeit zu verwenden, dagegen aber schon um das 20. Lebensjahr abgängig.

So um 1840 bis 1850 kostete ein auf Arbeitsprobe gekauftes, tadelloses Pferd 240 Mark. Dann stieg der Preis. 1860 mußte man schon 600 Mark, 1880 900 Mark und heutzutage (1901) 1200 Mark für ein gutes Arbeitspferd ausgeben.

Die heißblütigen Pferde der 50er, 60er und 70er Jahre brachten viele Probleme mit sich. Ich habe es häufig gesehen, daß jüngere Tiere durchgingen und sich an den Ackergeräten verletzten.

Ein Kuriosum möchte ich noch anführen: Mein Schwager in Dielmissen hatte einen sechsjährigen Vollblutwallach. Eines Tages im Jahre 1857 ging das Tier mit der Egge durch. In einer Hecke, über die das Pferd setzte, blieben Egge und Schwengel hängen. Das Tier hatte aber schon einige Verletzungen durch die tanzende Egge davongetragen, auch am Sprunggelenk des linken Hinterbeines. Diese Wunde heilte schlecht. Ein Tierarzt aus Eschershausen wurde zu Rate gezogen, und der verordnete Kühlung, Verbände und abwechselnd Einspritzungen. Wenn ich meinen Schwager besuchte, dann war er stets mit dem Tier beschäftigt, aber ohne Erfolg. Nach einem Jahr und acht Tagen stand das Pferd noch immer mit lahmendem und eiterndem Bein im Stall. Auf meinen Rat und auf Zureden der Nachbarn zog er dann einen Tierarzt aus Halle hinzu und erklärte diesem die bisherige Behandlungsweise. Letzterer nahm einen abgespitzten Nagel und fühlte damit in der Wunde etwas Hartes. Als er mit dem Hammer dem Nagel ein paar leichte Schläge gab, fühlte er, daß er auf Eisen kam. Das Pferd wurde nun gespannt. geworfen und festgelegt. Darauf zog er mit einer passenden Zange aus der dick geschwollenen, eiternden Wunde einen dreizölligen, ½ Pfund schweren, abgebrochenen Eggenzacken heraus. Nach drei Wochen war die Wunde verheilt und das Pferd wieder arbeitsfähig. Es war jedoch im höchsten Grade eggenscheu. Darum verkaufte mein Schwager das Tier an einen Posthalter in Bodenwerder. Dort lief es noch etliche Jahre vor einem Omnibus.

Eine letzte Geschichte noch über ein Ereignis, bei dem drei Pferde tödlich verletzt wurden: Es war früher so der Brauch, daß am Vormittag eines Hochzeitstages dem Bräutigam entgegengeritten wurde. Man nannte es das Vorreiten. Alle jungen Männer beteiligten sich daran, auch die Verheirateten. Auf dem Rückritt zum Orte der Braut, wo die Hochzeit stattfand, war es so üblich, daß auch ein Wettreiten veranstaltet wurde. An einem bestimmten, vorher vereinbarten Ort, dem Ziel, stand dann jemand mit einer Flasche Branntwein und einem Spitzglase. Der zuerst ans Ziel Gelangte bekam die Flasche, der Zweitfolgende das Spitzglas. Beide Pferde wurden mit Kränzen behangen.

Es war im Mai 1859. Ein junger Mann aus Börrye heiratete in einen Vollmeierhof in Esperde ein. Meine Eltern, Schwestern und ich waren als Verwandte eingeladen.

Morgens um sieben Uhr trafen wir jungen Männer uns auf dem Hochzeitshof in Esperde und ritten von dort nach Börrye. Wir waren unsere zwölf Reiter. Auf dem Hofe des Bräutigams wurde gefrühstückt, und es kamen noch vier weitere Reiter hinzu. Die Pferde wurden schon wochenlang vor solch einem Ritte gut gefüttert und waren dann sehr mutig. Schon von Esperde nach Börrye ging es wild zu. Ich erhielt vom Pferd meines Nebenreiters einen Streifschlag unterm Knie des rechten Beines. Im Hause des Bräutigams wurde mir eine feste Binde um die Streifwunde gelegt, so daß ich auch später beim Tanzen in dem Zelt nichts mehr spürte.

Als wir dann im geordneten Zug aus Börrye ritten, schossen die dort einquartierten hannoverschen Kürassiere, Freunde des Bräutigams, Salut. Unsere aufgestellte Gruppe kam in Unordnung, und im wilden Galopp ging es aus dem Ort heraus. Wir beruhigten die Pferde aber wieder.

Etwa zehn Minuten nach Börrye sonderte sich die Hälfte der Reiter ab, die den Wettritt mitmachen wollten. Wir übrigen ritten gemächlich hinterdrein und unterhielten uns in aufgeheiterter guter Laune über den bevorstehenden Sieg des Rittes. Plötzlich hörten wir aus dem uns rechtsseitig gegenüberliegenden Brockenser Feld die aufgeregten Schreie eines mit drei Pferden eggenden Dienstjungen: O Hehre, o Hehre, use Peere. Sein Herr pflügte etwas weiter hin. Die drei Pferde waren flüchtig geworden, entweder durch unseren Ritt oder durch das Schießen, das noch andauerte. Zwei Pferde waren nicht mehr zu sehen. Das dritte stand eine Strecke vom Ackerstück mit gesenktem Kopf. Als wir alle hinzukamen, auch der Eigentümer namens Wessel aus Brockensen, sahen wir, daß dem Tier die Eingeweide in großem Umfange aus dem Leibe hingen.

Inzwischen war auch der Wettritt beendet. Die beiden Sieger kamen zurückgeritten, um sich uns zu zeigen. Zwei weitere Reiter ritten diesen entgegen, und in wildem Galoppe stießen zwei der Tiere mit ihrer rechten Brust mit einem klatschenden Geräusch zusammen. Pferde und Reiter flogen auseinander und lagen am Boden. Noch ehe sich der aufgewirbelte Staub verzogen, waren wir zur Stelle und fanden, daß die Reiter mit dem bloßen Schrecken davongekommen, die Pferde aber dem Anschein nach tödlich verwundet waren. Beiden quoll das Blut aus Nase und Rachen. Das des Siegers mit der Flasche, mit einem Kranze behangen, konnte bis kurz vor das Dorf gestützt geleitet werden. Dort brach es zusammen und wurde erschossen. Das andere Tier erreichte noch lahmend seinen Stall. Nach drei Wochen, trotz tierärztlicher Hilfe, verendete es auch.

Die Sitte, oder besser gesagt Unsitte, des Vorreitens hörte damit auf. Waren doch innerhalb einer halben Stunde drei wertvolle junge Pferde zu Tode gekommen. Der Sieger des Rittes, ein Cousin von mir, war verlobt. Er hatte durch den Sturz und den Tod des Pferdes wohl eine innerliche Erschütterung erlitten. Er sonderte sich aus der Gesell-

schaft aus und war nicht mehr aufzufinden. Seine Verlobte
jedoch fehlte die Nacht hindurch nicht im Tanzzelte. Sie
mußte sich aber doch als verlassene Braut betrachtet
sehen.

Das Rind

Bis um die Zeit von 1865 gab es hier und in der Umgebung
seit altersher nur eine Art Rindviehschlag. Wir wollen es
Wesermarschvieh nennen. In den höher gelegenen Ortschaften um Ottenstein kauften die dortigen Landwirte
gern eine Milchkuh oder ein Kuhkalb von hier.

Was die Farbe betraf, so war das hiesige Vieh fast ausnahmsweise unter dem Leibe weiß mit weißem Rücken und
weißem Schwanz. Die Schwanzquaste war schwarz, an den
Seiten mehr schwarz als weiß. Der Kopf war schmal und
lang, und die Stirn war mit einer weißen Blesse gezeichnet.
Die Tiere waren insgesamt schmal und hatten einen
gesenkten Rücken. Vereinzelt gab es aber auch Dunkel-
füchse und Schimmel.

Auf einem Vollmeierhofe von 100 Morgen Land wurden
sieben Kühe, zwei Rinder und zwei Kälber gehalten. Zur
Aufzucht wurden nur die Kälber von den besten Kühen
genommen. Die Vollmeier im Dorf hatten sich geeinigt,
daß jeder für zwei Jahre einen Bullen zum Decken hielt.
Der Stierhalter wurde von den Besitzern der übrigen Kühe
im Dorf durch Deckgeld entschädigt. Die Rindviehhaltung
galt zu der damaligen Zeit als ein notwendiges Übel.

Vor 1850 wurden die Kühe durch einen Hirten auf den
Angern des Dorfes gehütet. Ausgangs März von vier Uhr
morgens, später ab drei Uhr, weideten sie, bis es dunkel
wurde. So Ende Oktober mit der Stoppelweide wurde der
Weidegang beendet, und die Winterfütterung begann. Die
Tiere wurden vom frühen Morgen bis zum späten Abend

zu jeder Stunde gefüttert. Sie bekamen vier Bunde geschnittenes Gerstenstroh, ein halbes Bund geschnittenes Roggenstroh, eine Futterkrippe voll Heu und eine halbe Kiepe Kaff (Spreu). Das waren für die neun Stück Großvieh 50 kg Stroh und Kaff und 8 kg Heu. Mittags bekamen sie noch 15 kg Runkeln. Diese wurden zerkleinert untergemischt. Heu und Runkeln wurden aber meistens nicht vor Weihnachten gegeben, denn bis dahin gab es Quecken. Abends um 10 Uhr, nach dem Spinnefeierabend, hatten die Mägde die Kühe abzufüttern. Sie bekamen dann für die Nacht zwei Bunde sogenanntes Ortstroh. Rinder und Kälber erhielten Esporsette-Grummet, wenn solches ausnahmsweise mal geerntet, sonst Wiesen-Grummet. Die wenigen Abfälle an Kleie vom Backroggen und auch etwas Ölkuchen vom Rübölschlagen bekamen den Winter hindurch nur die Kühe, die gemolken wurden.

Die Kühe wurden fast alle während der Weidezeit milchend, denn der Dorfbulle ging mit auf die Weide. Oft standen die Kühe vor dem Kalben sehr lange trocken. Daher gab es im Winter immer nur sehr wenig Milch. Ich erinnere mich noch, daß ich als neunjähriger Knabe von der Kötnerstelle Nr. 19, die eine frischmelkende Kuh hatten, eine Zeitlang täglich einen halben Liter Milch für einen Gutengroschen, das sind 12 Pfennige, holen mußte.

Nach der Separation und der Ablösung des Zehnten wurde die Stallfütterung eingeführt, und es wurde auch mehr Vieh gehalten. Das war dadurch möglich, daß mehr Klee angebaut und auch mehr Mist erzeugt wurde. Dadurch stiegen die Ernteerträge. Auch die Preise für das Rindvieh stiegen an.

Bis in die Mitte des vorigen Jahrhunderts kostete eine milchende junge Kuh 18 bis 21 Thaler = 54 bis 63 Mark. Für ein acht Tage altes Kalb gab es einen Thaler = 3 Mark. Ein uns bekannter Schlachter aus Hameln erzählte, daß er in seiner Jugendzeit so manches Kalb für 27 Groschen ins Ostertor getragen habe. Ein Pfund Kalbfleisch kostete damals sechs Pfennige. Mein Vater verkaufte in dieser Zeit einen Bullen, der zwei Jahre die Kühe gedeckt hatte, an einen Brennereibesitzer in Hameln für 22½ Thaler. Für alte Kühe gaben sie sieben bis fünfzehn Thaler.

Nach 1850 stiegen die Preise für Pferde. Da schafften die Kötner ihre Pferde ab und lernten Kühe zum Ziehen an. Auch auf den größeren Gütern, die neben den Pferden Esel für kleinere Fuhren anspannten, wurden Ochsen aus dem Bayernlande eingeführt. Diese Tiere waren von brauner Farbe und wurden zwei- und vierspännig gefahren. Sogar beim Rübenfahren zur Zuckerfabrik sah man sie.

So nach 1870, als die Ernten laufend stiegen, wurde mehr eingestreut, und es wurde besser gefüttert. Auch ausländische Futtermittel gab es zu kaufen, und ab 1876, als hier der Rübenbau eingeführt wurde, kam noch das Rübenblatt als gutes Futter hinzu.

Der Landwirtschaftsrat von Hake, Ohr, war der erste in unserer Gegend, der sein altes Vieh umtauschte. Er holte sich tragende Rinder des holländischen, oldenburgischen und ostfriesischen Schlages in seinen Stall. Die anfallenden Kälber wurden nicht an den Schlachter verkauft, er gab sie an die bäuerlichen Besitzer im Umkreis für mäßige Preise ab. Dieser Rittergutsbesitzer hat sich große Verdienste erworben. Nicht nur auf viehzüchterischem Gebiet, sondern auch auf dem Gebiete der Pflanzenzucht.

In der Aufzucht des Rindviehes wurde lange Zeit von seiten des Staates nichts getan, im Gegensatz zur Pferdezucht. Erst auf Anregung der landwirtschaftlichen Vereine wurde in den einzelnen Kreisen eine Körungskommission gewählt, die aus dem Kreistierarzt und zwei Landwirten bestand. Der Stierhalter hatte sein Bullenkalb bei der herzoglichen Kreisdirektion während der Aufzucht anzumelden. In bestimmten Zeiträumen fuhr die Körungskommission durch den Kreis und nahm die etwa 1½jährigen Bullen in Augenschein. Wenn keine Fehler festgestellt wurden, dann wurde dem Tier ein Zeichen ins Horn gebrannt, und der Stierhalter bekam eine Bescheinigung ausgestellt. Ungekörte Bullen durften zur Zucht nicht mehr zugelassen werden. Seit zehn Jahren, also seit 1890, werden auch die besten Deckstiere prämiiert.

Durch Vermittlung des Landwirtschaftlichen Hauptvereins Braunschweig bekommt unser Amtsverein Ottenstein aus Staatsmitteln jährlich einige Hundert Mark. Die Prämien pro Tier liegen zwischen 50 und 80 Mark. Seit etwa 1870 sind auch die Preise für die Milch gestiegen. Die besseren Straßen und die Eisenbahnen ermöglichen es, daß Ochsen, Bullen und Rinder aufgekauft und dann verschickt werden können. Jetzt werden alle anfallenden Kälber, soweit nicht zur Zucht verwendet, bis zu einem Alter von 1½ bis zwei Jahren gemästet und nach Lebendgewicht verkauft. 1880 haben sich die sieben Vollmeier hier im Ort gemeinschaftlich eine Viehwaage gekauft. Die Viehhaltung ist nun gegen frühere Zeiten wegen der besseren Milch- und Fleischpreise ein lohnender Betriebszweig geworden.

Gegenwärtig ist auf fast allen landwirtschaftlichen Gehöften ein neuer Viehstall gebaut. Pferde, Rindvieh, Schweine und auch die Hühner werden in diesen neuen, luftigen und gesunden Räumen gehalten. Im Winter ist es nicht zu kalt, und im Sommer ist es luftig. Vorwerk sagt man zu diesen Ställen. Bei den früheren Einrichtungen waren Wohnhaus und Gelaß für das Vieh unter einem Dach. Die Kühe standen rechts und links an der Hausdeele und wurden auch von dort gefüttert. Sie waren aber sehr der Zugluft durch die große Haustür ausgesetzt. Im Winter fror dem Vieh der Mist unter dem Hinterteile, denn die Fachwerkwände waren sehr dünn.

In der Fütterungsweise ist ein besonders großer Fortschritt zu verzeichnen. Unsere Söhne werden auf den Landwirtschaftsschulen unter so manchem anderen besonders in der Futterlehre unterwiesen. Sie sind befähigt, selbstgeerntetes und auch fremdes, sogenanntes Kraftfutter, nach dessen Nährwerten und Bestandteilen zusammenzustellen. Das Milchvieh, das Mastvieh sowie Jungvieh und Kälber bekommen ihre gewogenen, zusammengestellten, innig gemischten Rationen zu den täglichen zwei oder drei Futterzeiten. Dieses Kraftfutter wird mittels abgepaßter Gefäße zum Grundfutter trocken zugegeben.

Die Wartung des Rindviehes nimmt heute noch wesentlich mehr Zeit in Anspruch als vor Jahren. Es ist aber eine Arbeit, die sich in geldlicher Hinsicht lohnt. Die Kornpreise haben in den verflossenen 25 Jahren einen niedrigen Stand behalten. Dagegen sind die Rindviehpreise sehr stark angestiegen. So bezahlt man heute für eine junge Milchkuh zwischen 300 und 400 Mark.

Die Verarbeitung der Milch

In älteren Zeiten, so bis 1840, als die Milchergiebigkeit infolge der dürftigen Fütterung noch sehr gering war, waren auch die Erlöse für Butter und Käse sehr niedrig. Ein Pfund Butter kostete damals 30 bis 40 Pfennige.

Die Milch wurde, wenn sie aus dem Stall kam, in der Wohnstube durch ein Tuch von lose gewebtem Leinen geseiht. Darauf wurde sie in die Milchsatten gefüllt. Das waren 10 cm tiefe Schalen, aus grobem Ton gebrannt und ohne Glasur. Oben hatten sie einen Durchmesser von 20 cm, unten 15 cm. Diese Schalen wurden zu ¾ gefüllt, und dann wurden sie auf Bretter gestellt, die etwa 40 cm unter der Decke der Wohnstube angebracht waren. Auf diese Schalen wurde noch ein Milchbrett quer übergelegt, das aus Lindenholz gefertigt war – 1 cm dick, 10 cm breit und 25 cm lang. So konnten dann mehrere Schalen übereinander gestapelt werden.

Die Milch hatte zur Rahmbildung ihre Tage und Stunden zu stehen. Daher standen wegen der mehrfachen Abteilungen die Börte zu beiden Seiten des Ofens stets voll besetzt. Zum Verbuttern des Rahmes gab es ein Butterfaß. Der Böttcher fertigte es aus Eichenstäben. Es war 1 m hoch. Die untere Weite betrug etwa 25 cm. Nach oben hin verjüngte es sich etwas. Gebunden war es mit abgeschälter Kopfweide. Das Faß war mit einer sogenannten Rausche versehen. Das ist eine 2½ cm dicke Eichenholzscheibe mit einem etwa 2 cm geringeren Durchmesser als das Butterfaß in der Mitte. In diese Scheibe sind noch mehrere runde 1½ cm dicke Löcher gebohrt. Ein 1¼ m langer, 3 cm dikker Fichtenstiel ist in der Mitte der Rausche befestigt. Geschlossen wird diese ganze Vorrichtung durch eine runde Scheibe oder Kapsel. Durch das Loch in der Mitte dieser Scheibe wird dieselbe über den Stiel heruntergeschoben und auf dem Faß festgedreht.

Zum Buttern wurde von einer bestimmten Abteilung der Schale mit einem breiten, flachen Holzlöffel, dem Schmandlöffel, der Rahm abgenommen. Diesen sammelte man in dem Schmandtopf und gab ihn darauf in das Butterfaß. Mit etwas Wasser verdünnt, konnte nun das Buttern beginnen. Die Rausche wurde mit dem Stiel, der mit beiden Händen angefaßt wurde, im Faß hinunter geschoben und herauf gezogen. Das wechselte so schnell aufeinander, wie man gewöhnlich zählt. Durch diese rasche Bearbeitung des Rahmes, der während des Butterns durch die Löcher der Rausche quirlte, wurde das Fett zähe und sonderte sich in Klümpchen ab. Man merkte das daran, daß das Buttern immer schwerer ging. Im günstigsten Falle dauerte diese Tätigkeit eine halbe Stunde. Es konnte aber auch die vierfache Zeit beanspruchen. Das lag an der Temperatur des Rahmes.

War das Buttern sozusagen geworden, wurde der Deckel vom Faß am Stiel aufgezogen, abgenommen und auf den Tisch gestellt. Die Rausche wurde über dem Faß abgeklopft und ebenfalls beiseite gelegt. Jetzt wurde der Inhalt des Butterfasses über einem Durchschlag aus Holz mit einem Haarsieb, der auf einem Eimer stand, ausgeleert. Schnelles Klopfen des Siebes bewirkte, daß die Buttermilch in den Eimer lief und die Butter drinnen blieb. Die Butter wurde darauf in einer Holzmulde mit oben bezeichnetem Schmandlöffel geklopft und geknetet und zugleich gesalzen, bis sie zähe und fest wurde. Jetzt wurden das Butterfaß mit Zubehör, Milchsieb und sämtliche abgerahmten Milchschalen aus der Stube in die Küche gebracht und dort sorgfältig mit warmem Wasser abgewaschen und mit kaltem Wasser nachgespült. Außerhalb der Haustür war ein Bört aus Latten für die Schalen, wo sie umgestülpt eingeschichtet wurden, und auch eine Vorrichtung für das Butterfaß. Das wurde ebenfalls auf dem Kopf stehend zum Auslüften bis zur nächsten Butterstunde draußen in der freien Luft aufbewahrt. Die Schalen dagegen wurden nach einer Nachtlüftung wieder hereingeholt.

Die gewonnene Butter wurde zum Teil im Haushalt verbraucht und zum Teil für 30 bis 40 Pfennige je Pfund an Handelsfrauen abgegeben. Um auch zur Winterzeit Butter zu haben, wurde ein Teil frisch gesalzener Butter in irdene Kruken eingemacht. Bei dem späteren Gebrauch war sie rotgelb, und sie hatte einen starken Beigeschmack. Man nannte solche Butter alte Gröpenbutter.

Die Buttermilch wurde im Haushalt verbraucht. Selbst ärmere Leute gingen mit Henktöpfen auf die Höfe und erbaten sich solche.

So bis 1855 war es hierorts und im weiten Umkreise noch üblich, daß in der einzigen Stube des Bauernhauses jeder vom Hofe und aus den Ställen zu jeder Essenszeit ein- und ausging. Außerdem diente die Stube auch noch als Spinnewerkstätte. Dazu kamen die schwelgenden Öllampen an den winterlangen Abenden und der Ofen. All dieses erzeugte und wirbelte eine Menge Staub auf. Der Rahm in den Milchsatten, die auf den Börten standen, hatte keine hochgelbe Farbe, sondern er sah grau vom Staube aus.

Im Laufe der nächsten Jahre besserte sich alles so nach und nach. Neben den Eßschrank, der in der Mitte der Stube an der Wand stand, wurde ein weiterer Schrank für die ausgeseihte Milch zur Rahmbildung gestellt. Der Schrank hatte drei oder vier Börte.

Auf diese Börte wurden die Milchsatten gestapelt. Die Tür bestand aus einem Rahmen, und an diesem Rahmen war grüne Gaze mit Nägelchen mit blanken Metallköpfen vorgeheftet. Dieser Schrank war nicht nur eine Zierde für die Stube, sondern die Gazetür ließ Luft und Wärme durch, aber schützte die Milch vor Staub.

So ab 1875 mit steigender Milchproduktion wurde in den intelligenten Hauswirtschaften ein besonderer Raum für die Milchverarbeitung eingerichtet. Ein Thermometer für die Zimmerluft und eins für die Temperatur des Rahmes wurden angeschafft. Die Schalen für die Milch waren jetzt auch aus glasiertem Ton und ließen sich so leichter sauber halten. Das Stoßbutterfaß wurde durch ein Butterfaß, das durch eine Kurbel gedreht wurden und leichter zu handhaben war, ersetzt. Dieses Faß war aus Lindenholz gefertigt, etwa 70 cm lang, 50 cm breit und 50 cm tief. Durch dieses Faß ging eine Welle, und auf der Welle saßen über Kreuz vier durchlöcherte Flügel. An dem einen Ende der Welle ragte ein Zapfen hervor, und darauf wurde eine Kurbel geschoben. Das Buttern ging so etwas leichter, auch konnte eine größere Menge Butter auf einmal gefertigt werden. Die Sauberkeit der Gefäße neben der richtigen Temperatur war die Hauptbedingung für das Buttern. Durch etwas Unreinlichkeit oder zu geringe Kühlung konnte die Milch sauer werden und ließ sich nicht mehr verbuttern. In den Sommermonaten hatten wir im Keller einen langen Brettertisch auf Dreibeinböcken aufgestellt, auf dem die Milchsatten standen.

Meine Frau machte seit Jahrzehnten durch sorgfältige Zubereitung eine gute Butter. Sie mußte sie den Handelsfrauen zu einem niedrigen Preis von 75 bis 80 Pfennigen in die Kiepe stellen. Da ergab es sich, daß ich in Hameln Engelkes Hotel kennenlernte. Bislang erhielten sie ihre Butter vom Gute Hastenbeck. Als das Gut verpachtet wurde, wurden sie mit dem Pächter über die Butterlieferung nicht einig. So konnte ich an dessen Stelle als Lieferant treten. In einer verschließbaren Kiste schickten wir nun jede Woche zehn Pfund Butter zu einem Preis von einer Mark pro Pfund mit der Post frei nach Hameln und bekamen die leere Kiste vom Empfänger pünktlich frei zurück. Der Betrag für die Butter wurde alle drei Monate entrichtet. Neun Jahre lang dauerte diese Verbindung.

Im Januar 1885 mußte ich wegen eines Gehörleidens einen Ohrenarzt in Hannover konsultieren, mit gutem Erfolg. Ich logierte dort in einem größeren Gasthause und wurde mit dem Besitzer und seiner Frau, welches sehr fleißige Leute waren, bald bekannt. Dort wurde viel Butter verbraucht. Ich schloß mit dem Besitzer eine Übereinkunft, wöchentlich 10 Pfund oder auch mehr Butter zu etwas günstigeren Bedingungen wie bislang in Hameln zu liefern. Dieses Geschäft lief zur größten Zufriedenheit des Empfängers, und so zehn Jahre lang schickte er dann monatlich den Betrag für 10 bis 15 Pfund Butter.

Die Milchverarbeitung und Buttergewinnung war doch eine zeitraubende und sehr belastende Arbeit für die Hausfrau, denn fast alles mußte durch ihre Hand gehen. Da hörte man aus verschiedenen Gegenden, daß Genossenschaftsmolkereien gegründet wurden. Im Jahre 1895 wurde dann die Genossenschaftsmolkerei in Börrye gegründet. In Latferde, Hajen, Frenke, Daspe, Heyen, Esperde, Bessinghusen und Börrye wurde morgens die Milch zusammen mit der Mittagsmilch und der Milch des Vortages in Kannen auf einen stabilen Tisch gestellt und vom Milchfuhrmann abgeholt. Mittags erhielt man die bestellte Butter und Magermilch in den numerierten Kannen zurück.

Diese Einrichtung hat sich gleich von Anfang an ganz vorzüglich bewährt. Selbst meine Frau, die ja stolz auf ihr Fabrikat sein konnte, das sie mit viel Mühe und sorgfältiger Arbeit erzielte, sagte nach einjähriger Beteiligung an der Molkerei, daß sie einen solchen Ertrag aus der Milch nicht herauswirtschaften könne.

Von den Frauen der Landwirte ist durch obige Einrichtung ein schweres, belastendes Joch genommen. Im letzten Jahrzehnt wachsen die Molkereien wie Pilze aus der Erde.

Die Butter hat im Gegensatz zum Zucker ihren Preis von über einer Mark pro Pfund bislang gehalten. 1876, zu Anfang des Betriebes der Emmerthaler Zuckerfabrik, kostete ein Zentner Zucker über 30 Mark. Er ist jetzt auf sieben Mark gesunken. Bei der Butter und beim Käse kann wohl nicht so leicht eine Überproduktion stattfinden wie beim Zucker.

Die Schäferei im hiesigen Ort

Vor der Separation, die hierorts 1847 zustande kam, bestand die Hut- und Weidevereinigung unter den Interessenten. Rindvieh, Schafe, Schweine und Gänse, jede Gattung für sich, wurden von Hirten, die in dem Gemeindehirtenhaus wohnten, gehütet.

Die Schafherde unterwegs.

Der Schafhirt, auch Schäfer genannt, hatte seine Weide auf allen begrasten Flächen mit Ausnahme des Bruches und des Pfingstangers. Er durfte den Dunekopf, die Grieseburg, den Weinberg, den Schorfbrink, den Anger vor dem Dorf sowie alle Wege im Dorf und in der Feldmark beweiden. Dazu kam dann noch die reine Brache für den Hürdenschlag, die verstreut im Felde lag.

Von April bis November weidete der Schäfer. Die Stoppelweide nach der Ernte wurde der Reihe nach beweidet, zuerst durch den Kuhhirten. Dann kamen der Schweinehirt und der Gänsehirt, und als letzter kam dem Schafhirten der in den Stoppeln vorhandene Graswuchs noch vor Winter zugute. Das war die Fläche des Sommerfeldes, ⅓ der Feldländereien, die erst im Frühjahr gepflügt wurde.

129

Weinberg, Grieseburg und Dunekopf hatten nur spärlichen Graswuchs. Vereinzelt waren dort Dornensträucher und Wacholderbüsche. Dieses Gebüsch wurde aber nur einen halben Meter hoch und hatte durch das stete Abknoben der Schafe eine rundliche Form.

Der Dunekopf, etwa 30 Morgen groß, ist die südwestliche Ecke des Heyerberges. Früher war hier ein starker Eichenbestand. In meiner Jugend waren noch über 100 Eichenstämme von einem halben Meter Höhe und einem Durchmesser von 70 bis 80 cm vorhanden. Die Arbeitsleute hier im Ort durften sich diese Stämme aneignen. Man sagte „Stuken klöben" dazu. Bis 1860 waren alle gerodet.

In einer alten Urkunde, die in der Gemeindelade vorhanden, las ich während meiner Amtszeit als Vorsteher, daß vor langen Zeiten die hiesige Schäferei das Recht gehabt hatte, den Heyerberg zu hüten. Nachdem der Eichenbestand abgeerntet war, wurde der Dunekopf an die Gemeinde Daspe abgetreten als Abfindung für das Recht, den Heyerwald zu hüten.

Der Name Dunekopf wird wohl von der Schreckensstelle in der Weser für die Schiffstreiber herrühren. Vom Schiff wurde ihnen zugerufen: Hol dune, hol dune. Ich habe darüber schon an anderer Stelle ausführlich berichtet.

Der südliche Hang sowie die beidseitigen Böschungen der Grieseburg wurden auch von den Schafen beweidet. Bis 1840 standen auf dem Plateau der Grieseburg noch zwei starke Linden. Früher soll auf der Plattform ein Ritterschloß gestanden haben. Vor der Separation hat der damalige Besitzer Nr. 4 einen Einbruch von der westlichen Seite gemacht. Er wollte keine Schätze heben, sondern untersuchen, ob die Steine der Burg noch zu verwerten seien. Es stellte sich nach mehrtägiger Arbeit heraus, daß das Mauerwerk zu den noch vorhandenen, verschütteten Gemächern aus Steinen war, wie sie im Heyerberge oberflächlich aufgelesen werden konnten. Die Steine waren mit Kalkmörtel verbunden.

Die Zahl der zur Weide gehenden Schafe betrug so etwa 240 Stück ohne Lämmer. Die Interessenten hielten auf je fünf Morgen Feldland etwa ein Schaf, und der Schäfer hatte 40 Tiere mit im Lohn. Auf den größeren Höfen waren durchschnittlich zehn Mutterschafe, sieben bis zehn Jährlinge sowie zwei Hammel. Meistens waren in dieser Truppe auch zwei Schafe mit schwarzer Wolle. Im Frühjahr, noch vor dem Austrieb, hatte der Schäfer die Lämmer, nachdem diese einige Wochen alt waren, zu behandeln. Die männlichen wurden kastriert, und den Mutterlämmern wurde der Schwanz 10 cm vom Ansatz mit einem scharfen Messer abgenommen. Den Hammellämmern wurde derselbe heil gelassen. Gelegentlich dieser Operation hatte der Schäfer auch die Schafe eines jeden Besitzers durch ein Ohrenmal zu zeichnen. Diese Ohrenmale bestanden darin, daß bei den einen das linke Ohr bis zur Hälfte abgenommen wurde, bei den anderen das rechte Ohr. Andere bekamen Kerbe oder Löcher in ein Ohr. Die Schafe des Schäfers hatten keine verletzten Ohren und waren dadurch ebenfalls leicht zu erkennen.

Der Schäfer zog mit den Schafen im Frühjahr so zeitig wie möglich hinaus. Dem Schäfer wurde nämlich das Futter knapp, obwohl jeder Vollmeier den Winter hindurch dem Hirten zwei Stück mitfütterte. Das war im Lohn enthalten.

Beim Hinaustreiben am Morgen etwa gegen zehn Uhr gab der Schäfer durch Flöten auf dem Finger ein besonderes Signal. Die Tiere wurden dann vom Hofe getrieben. Abends vor Dunkelheit kam er mit der Schar wieder heim. Vor jedem Gehöft hielt er an und teilte die entsprechenden Schafe wieder zu. Bei diesem Auseinanderschieren gab es immer einen Höllenlärm. Das Geplärre der Mutterschafe nach ihren Lämmern, das Gebell des Hundes und das

Fluchen des Schäfers, was demselben eigen war, mit den gräßlichsten Ausdrücken kehrten jeden Abend wieder. Das Schaf ist von allen zahmen Tieren wohl das dümmste Geschöpf. So eilen doch das Pferd, die Kühe, die Schweine, die Ziegen beim Heimtreiben jedes nach seinem Gehöft und Stall. Selbst die dumme Gans weiß ihr Heim zu finden. Dagegen sind die Schafe fast nicht von der Stelle zu bewegen. Will man sie aus dem Stalle haben, muß man eines ergreifen und wegschleppen. Erst dann folgen alle anderen eiligst nach. Daher das Sprichwort: Wo ein Schaf hingeht, gehen sie alle hin.

So ab Anfang Mai blieben die Schafe samt Lämmern draußen. Es wurden dann Hürden aufgestellt und eine fahrbare Schäferhütte. Die Hürden waren 3½ m lang und 1 m hoch. Es waren 20 Stück. Der Stall war gewöhnlich vier Hürden gleich vier Ruthen breit und sechs Ruthen lang. Spät abends zog der Schäfer mit seiner Herde für die Nacht ein. Zu diesem Hürdenschlag gehörte noch die Schäferkarre, in der der Schäfer für die Nacht schlief. Auf einem alten Wagenstell war ein Häuschen gebaut: 2 m lang, 1 m breit und 1 m hoch, mit spitzem Bretterdach. Das Dach war mit Zinkblech belegt. Dieses Karrenhaus hatte eine 2 m lange Deichsel, die einen Meter lang unter der Hütte hervorragte. Zum Transportieren zog der Schäfer seine Hütte mit einem Seil, das er über die Schultern geschlagen hatte, und erfaßte die Deichsel. Für seinen Hund schob er einen metergroßen Korb, aus Reisern geflochten und mit Stroheinlage, unter die Hütte.

Für die Nacht kroch der Schäfer im Krebsgang in die Hütte. Er öffnete die über der Deichsel befindliche einen Meter große, starke Klappe, die von außen verschließbar war, und schob erst seinen 2 m langen Schäferstab hinein, der für die Nacht als Waffe diente. Darauf kroch er selbst, die Füße vorausschiebend, in sein Gemach hinein und hängte die Klappe inwendig zu. Auf diese Weise konnte er hinauslugen, wenn nachts etwas passieren sollte, was der Hund anmeldete.

Die Nacht um 12 Uhr hatte der Schäfer die Hürden weiterzuschlagen. Man nannte das das Fortschlagen. Dabei beanspruchte er die Hilfe des Hundes, der die Schafe beieinander hielt, bis sie in die neue Fläche eingetrieben wurden. Man nannte dieses den Morgenstall. Bei Tagesanbruch kam der Schäfer dann mit seinem Hunde nach Haus. Morgens um 10 Uhr zog der Schäfer wieder aus den Hürden zur Weide, nachdem er die Hürden für den nächsten Abend geschlagen hatte.

Auf diesen Hürdenschlag wurde zu der damaligen düngerspärlichen Zeit sehr viel gehalten, und er wurde als Vorteil der Schafhaltung angesehen. Er kam in der Reihenfolge in den sechs Monaten des Draußenliegens so etwa zweimal herum. Dem Schäfer lag es ob, den für die nächste Nacht Berechtigten morgens daran zu erinnern, am Nachmittag die Hürden zu fahren. Im Herbst waren die Schafe bei der Stoppelhut gut genährt und ihre Exkremente kräftiger. Da wurden für die Nacht drei Ställe eingerichtet. Für den zweiten Stall hatte dann der Eigentümer des Hürdenschlages gegen Mitternacht die Hürden weiterzuschlagen. Der Schäfer mußte dann seinem Hund bedeuten, solches zu dulden. Den dritten Stall schlug dann der Schäfer gegen 3 Uhr morgens weiter.

Die Wäsche und Schur der Schafe

Mitte Juni wurden die Schafe gewaschen und, sobald sie trocken waren, geschoren. Die Zeit der Schur richtete sich nach der Übereinkunft der Schafmeister. Die Schäfer aus den umliegenden Ortschaften halfen sich gegenseitig. Zwei oder drei Tage vor der Schur wurden die Schafe, Lämmer und Jährlinge ausgenommen, gewaschen.

Es wurde hierorts ein geeigneter Platz an der Weser ausgesucht und von den Hürden zwei Ställe eingerichtet. Zur Verhandhabung des Waschens hatten die Vollmeier dem Schäfer einen Mann zur Hilfe zu stellen. Das war gewöhnlich der Großknecht. Der Schäfer ging mit noch zwei bis drei Mann, die er sich auswählte, ins Wasser auf etwa ¾ m Tiefe. Die übrigen Leute stellten sich in die Reihe und führten den Wäschern aus dem vollen Stalle die Schafe und Hammel einzeln bis an die Köpfe untertauchend zu und führten die gewaschenen in den anderen Stall wieder ab. Die drei oder vier Männer in ihrer bestimmten Wassertiefe wuschen die Wolle der Schafe durch fertige Handgriffe. Die Tiere lagen auf dem Bauche oder auf dem Rücken, und nach einigen Minuten solcher Bearbeitung faßten sie diese beim Kopfe, und nach mehrmaligem wuchtigen Auf- und Niedertauchen kamen die Schafe wieder landwärts. Am Ufer schüttelten sie sich tüchtig, so daß das Wasser aus ihren Fellen sprühend umherflog. Bei der ganzen Prozedur gab kein Tier einen Laut von sich.

Bei warmer, trockener Witterung wurde die Wolle fast an einem Tag wieder trocken. Vor der Schur durften die Tiere selbstverständlich nicht mehr draußen liegen und nicht wieder naß werden.

Die Schur fand auf einer Scheunendiele statt. Das ging der Reihe nach herum. Es wurden zwei Bänke aus Wagenflachten, die auf dreibeinigen Böcken standen, aufgestellt. Auf je eine dieser Bänke setzten sich fünf oder sechs Scherer, also zehn oder zwölf Mann. Es waren gewöhnlich die Schäfer. Jeder hatte dazu eine eigens konstruierte Schere und einen Scherstein, dazu eine einen Meter lange, doppelte Schnur.

Die Scherer saßen rittlings 1½ m voneinander auf den Bänken, ließen sich je ein Schaf zuführen und legten es vor sich auf die Bank. Die Doppelschnur wurde mit einer Öse um die Füße der Hinterbeine geschlungen. Das entgegengesetzte Ende wurde gewissermaßen als Steigbügel benutzt: Ein Fuß wurde hineingesetzt und das Schaf langgestreckt. Auf dem Rücken liegend, wurde unter dem Bauche begonnen. Vom Hinterteil nach dem Kopf zu etwa 5 cm breit, möglichst dicht an der Haut her, wurde das Fell geschoren. War die eine Seite auf diese Weise glattgeschoren, wurde das Fell = Wolle heil weggeschoben und das Schaf in die entgegengesetzte Richtung gedreht und auch diese Seite glattgeschoren. Die Prozedur des Scherens dauerte bei einem Schaf gewöhnlich eine viertel bis eine halbe Stunde. Dann schärfte der Scherer seine Schere und ließ sich sofort ein neues Tier zuführen. Der Eigentümer nahm nun das Fell, das neben der Bank lag. Er legte die Schnittflächen nach innen und steckte es in einen reinen Kornsack. Fünf bis sechs eingerollte Felle faßte solch ein Sack. Erwähnenswert ist noch, daß die Schafe, ob Bock, Hammel oder Mutterschaf, die sonst immer sehr lose mit ihrem klagenden Geplärre sind, während des Waschens und Scherens keinen Laut von sich geben.

Das Schaf ist wohl eines der ältesten und nützlichsten Haustiere. Es dient nicht nur allein zur Ernährung, sondern auch wegen der Wolle zur menschlichen Bekleidung. Schon in der Bibel wird es erwähnt im Zusammenhang mit dem guten Hirten; oder auch sprichwörtlich: Er verstummt wie das Schaf vor seinem Scherer.

Hierorts gingen infolge der Separation 1847 das gemeinschafliche Weiden der Kühe, Schweine und Gänse und so auch die Schäferei ein. Die einzelnen Besitzer gaben nun ihre Schafe für das Sommerhalbjahr in den folgenden fünf Jahren gegen Entgelt nach anderen Orten auf die Weide. Von hier kamen sie nach Rühle.

Da stellte sich aber heraus, daß das Beweiden der Stoppelfelder mit Schafen unumgänglich notwendig war, um das Wuchern des Grases zu steuern. Bei der damaligen Kultur nahm das Schling- und Queckenzeug ohne Beweiden mit

Schafen überhand. Das Schaf hat vor allem anderen Vieh die Eigenschaft, daß dasselbe beim Grasen knapp am Boden herfrißt und dadurch die Krone des Gewächses beschädigt.

Erst so um die Zeit von 1878, als überhaupt schon eine fortgeschrittene Kultur in den Geräten und in der Düngung stattgefunden, kam man zu der Einsicht, die Schäferei ganz aufzugeben. Der Einsatz der mehrscharigen Strekepflüge ließ Gräser und Unkräuter nicht mehr wuchernd überhandnehmen.

An Stelle der Schafe wurden einige Rinder mehr gehalten, zumal auch die Preise für das Rindvieh rapide anstiegen. Die Wolle dagegen wurde massenhaft aus dem südlichen Amerika, vorwiegend aus Argentinien, billig eingeführt. Dadurch wurden die Preise der hiesigen Landwolle stark gedrückt.

Es war im Herbst 1879. Mein Nachbar Lange bestellte auf meinen dringenden Wunsch an einem Abend alle Schäferei-Interessenten in seine Wohnung. Es war schon lange darüber gesprochen worden, diesen seit Jahrhunderten bestehenden Zweig der Landwirtschaft aufzugeben. An diesem Abend kam es auch zu dem Beschluß, die Schäferei aufzulösen. Der Glücklichste von allen war wohl ich, denn ich hatte etwas über 600 laufende Ruthen meiner Ackerfläche an den verschiedenen Wegen liegen, über die der Schäfer fast täglich mit seinen Schafen, um von einem Feldteil zu den anderen zu gelangen, zu treiben hatte.

Beim Treiben war der Schäfer auf der einen Seite, auf dem mit Frucht bestellten Acker zur Wehr, sein Hund auf der entgegengesetzten Seite des Weges auf dem Acker. Er lief bellend von vorn nach hinten und von hinten nach vorn. Die Schafe grasten in langsamer Gangart auf dem meistens mit Gras bewachsenen Wege weiter. Dabei bogen sie öfter zur Seite ab, dabei die Frucht verheerend. Was die Schafe nicht abfraßen, zertraten der Schäfer und sein Hund. Etwa 1 m breit war von der anliegenden Frucht gewöhnlich wie wegrasiert.

Eigentümer, die jetzt noch Schafe hielten, gaben sie gegen billiges Entgelt, etwa 1,20 Mark je Stück, im Sommer auf die Weide. Sie wurden von den jeweiligen Schäfern aus Rühle oder Reileifzen geholt und im Spätherbst den Eigentümern wieder zugeführt. Ich hatte meine Schafe zuletzt in Dohnsen. Zur Zeit der Schur, im Monat Juni, wurde den Beteiligten der Tag der Schur kundgetan. Einer aus Daspe spann dann an und holte die Wolle für alle. Im Herbst wurde auch ein- oder zweimal ein Schaf zum Schlachten von dort geholt. Der Schäfer hatte die Pflicht, die Tiere auszusuchen, entweder war es lungisch oder wegen Alters abgängig. Es war im Jahre 1890. Damals hatte ich noch zehn Schafe in Dohnsen auf der Weide. Da faßte ich den Entschluß, die Schafhaltung aufzugeben, weil die Rindviehhaltung inzwischen lohnend geworden war. Im Herbst kamen die Händler nach Dohnsen. Ich setzte dem Schäfer zu dem Zwecke die Preise für meine Tiere fest: Hammel im Durchschnitt 18 Mark, Mutterschafe nebst Lämmern 16 Mark und für die zweijährigen Lämmer 9 bis 12 Mark.

Winterfütterung und Krankheiten der Schafe

Für den Winteraufenthalt hatten wir einen Tiefstall in der Scheune. Der Mist blieb mehrere Monate unter den Tieren liegen. In der Mitte des Stalles befand sich eine Raufe oder Hilte. Diese war hängend angebracht und konnte beim Steigen des Mistes höher gezogen werden. Sie durfte nicht zu niedrig hängen, denn dann sprangen einige von den kräftigsten Hammeln von oben hinein und traten den übrigen Tieren das Futterstroh fest.

Die Futterration bestand auf den Bauernhöfen aus Erbsen-
und Bohnenstroh. Morgens wurden zwei Bunde Bohnenstroh auf die Hilte gegeben. Mittags kam die Truppe auf
die große Hausdiele. Da lag dann das zum Streuen am
Abend erforderliche Roggenstroh, einmal durchschnitten,
auseinander. Es war damals ja handgedroschenes Stroh,
und die Hühner und Schafen taten sich daran gütlich. Für
die Schafe wurden noch ein paar Eimer Wasser zum Tränken an die Seite gestellt. Danach kamen sie wieder in ihren
Stall und erhielten abends noch einmal zwei Bunde von
dem Krummstroh. Die Raufe wurde einmal täglich sau-
bergemacht, die Rückstände entnommen und den Tieren
zum Streuen umhergeworfen. Die Schafe bekamen nur die
im Stroh haftenden Körner, worauf sie eine besondere
Gier hatten, und die Blätter vom Stroh. Daneben verzehr-
ten sie noch das Queckenheu, das im Stroh häufig vorhanden war. Es blieb aber dennoch ein guter Teil zurück als
Futter- und Streustroh für die Kühe.

In der Zeit des Lammens, das im Februar begann, erhielten die Schafe täglich ein Bund Roggenhärkelse, das neben
den Körnern viel Queckenheu enthielt. Auf einzelnen
Höfen im Umkreis wurde auch eine sogenannte eigene
Schäferei gehalten. Das waren solche, die viel unbebautes
Land oder auch Hölzungen zur Weide hatten. In diesen
Wirtschaften, die oft das Fünf- oder sogar das Zehnfache
an Schafen je Hektar hatten wie die gewöhnlichen Schaf-
halter, wurde auch anders gefüttert. Der Roggen wurde
nur einmal mit der Hand auf beiden Seiten der Lage, also
nur halb gedroschen. Wegen des häufigeren Hürdenschlages und des Mistes aus dem Schafstall konnte man dort
auch mehr Wickenfutter anbauen.

Die am häufigsten vorkommende Krankheit bei den Schafen war die Räude oder der Grind. Dieser auf der Haut der
Schafe entstehende juckende Ausschlag konnte sich in
kurzer Zeit, wenn er nicht im Entstehen durch Ätzmittel

abgetötet wurde, über die ganze Haut des Tieres verbreiten. Das unglückliche Geschöpf hatte nicht nur unsägliche Qualen zu erleiden, wenn nicht rechtzeitig durch ätzende Salben dem Tiere geholfen wurde, auch die Wolle löste sich stellenweise ab. Außerdem war diese Hautkrankheit ansteckend, so daß in kurzer Zeit die ganze Herde davon befallen wurde.

Im letzten Viertel des vorigen Jahrhunderts entstand von seiten der Staatsbehörden ein Seuchengesetz. Auch diese Krankheit, wenn sie verheerend auftrat, mußte der betreffenden Behörde gemeldet werden. Daraufhin sah sich der Kreistierarzt die Schafe an. War die Truppe als räudeverdächtig befunden, dann wurde behördlicherseits angeordnet, daß die ganze Herde, die auf der Weide zusammengegangen war, unter Aufsicht eines Lokaltierarztes auf Kosten des Schäfers und der übrigen Eigentümer gebadet wurde. Zu diesem Zweck wurde in großen Kesseln eine scharfätzende Lauge gekocht und die Tiere gewisse Minuten eingetaucht. Dieses Bad erwies sich als ein radikales Mittel, wogegen in früheren Zeiten diese Krankheit, wenn sie sich erst eingenistet hatte, nur mit viel Mühe und Zeit ausgetilgt werden konnte. Ich habe diese Badekur mal selbst hier auf dem Hofe erdulden müssen.

Der Schafmeister

Zu der Zeit, als die Schäferei wegen des hohen Wertes der Wolle noch in der Blüte stand und wegen des Hürdenschlages als Notwendigkeit betrachtet wurde, was über die Zeit der Hälfte des vorigen Jahrhunderts hinausging, war der Schäfer vor allen anderen der vornehmste Hirt. Wer Schafmeister werden wollte, mußte als Schäferjunge und als Schäferknecht bei einem Schafmeister als Gehilfe gedient haben. Nur der Schäfer selbst trug beim Hüten und auch bei seinen Nebenhantierungen eine Hose und einen Kittel von gebleichtem weißen Leinen. Der Kittel hatte zwei Reihen 4 cm große, schwarze Knöpfe, und auf der Achsel war er mit Stickerei aus rotem Garn verziert. Die Kopfbedeckung bestand aus einem großen, schwarzen Filzhut, Dreimaster genannt. Vor der Stirne flach, wogegen nach rechts, links und nach hinten die Timpen des umfangreichen Hutes durch farbige Litze vom mittleren Kopfteil hochgehalten wurden. Bei Regenwetter wurde der Oberteil des Körpers durch den Hut vorm Durchnässen geschützt. Abends in der Dämmerung, wenn der Schäfer von der Weide zu den Hürden zum Nachtquartier zog, diente dem vorangehenden Schäfer seine helle Kleidung, daß die Herde ihm sicher folgte. Zur Nachtzeit sind die Schafe nur sehr schwer aus dem Stalle zu kriegen. Sie drängeln sich in den äußersten Ecken zusammen. Es wird geraten, im Notfalle, zum Beispiel bei Feuersgefahr, sich ein weißes Laken überhängend in den Stall zu gehen. Dann geht man hinaus, und die Tiere folgen rasch.

Neben der Hilfe des Hundes beim Hüten bediente sich der Schäfer noch eines Gerätes, nämlich eines Stabes, auch Schäferhaken genannt. Das ist eine 2½ cm starke und 2 Meter lange Holzstange von feinem Eschenholz, am handlichen Ende beschlagen mit einer 25 cm langen gedrehten Messinghülse. Am unteren Ende war ein 5 cm schmaler und 15 cm langer Hohlspaten. Vom oberen Ablauf des Spatens war dem Spatenheft entlang nach oben eine dünne Eisenklemme in 3 cm Abstand geschmiedet. Das nach unten stehende Ende diente als Schaufel, und letzteres diente als Haken.

Stand z. B. der Schäfer seinen Stab vorausgestellt, sich auf selbigen lehnend, seine Herde vor sich weidend, so diente beschriebener Stab dem Schäfer zu dreierlei Zwecken: Einmal, indem er denselben hinterrücks oder voraus stellte, um sich auf selbigen zu lehnen. Zum anderen konnte er an der Seite, wo er seinem Hund nicht die Beobachtung der Schafe überließ, die Tiere regieren. So wie die Schafe naschend zur Seite bogen, schöpfte er etwas Erde, legte den Schaft über die Schulter, und durch Ziehen des mit Messing beschlagenen Endes konnte er einen wuchtigen, gezielten Wurf auf ein etwa 50 m weites Ziel ausüben, wobei das bißchen Erde zu Boden fiel. Die Tiere wichen dann schon in der Erwartung, daß wie gewöhnlich der Hund folgen möchte, zur Seite auf ihre Weide. Der Hund war der Schrecken der Schafe. Er biß nicht, wenn er gehetzt wurde, wie der Schweinehund in die Ohren der Schweine, sondern traktierte den schuldigen Schafen die Hinterbeine. Zum dritten diente der Schäferhaken noch zu einem anderen Zwecke. Sah der Hirt, wenn er sich auf seinen Stab lehnte, daß eins seiner Schafe mit einem seiner Hinterfüße sich an der Seite, am Halse oder am Rücken kratzte, schlich er eiligst hin. Er faßte seinen Haken beim Messinggriff und schob ihn schlank am Boden hin, bis er das betreffende Schaf fangend festhielt. Er sah dann leicht die Stelle, wo sich die Wolle durch das Kratzen gelöst hatte. Oft fand er, daß sich an dieser Stelle ein erbsengroßer Knoten gebildet hatte, was die Entstehung der bereits beschriebenen Räude andeutete. Diese konnte nun leicht im Keime erstickt werden. Der Schäfer scheitelte die Wolle und kratzte den Knoten mit seinem Fingernagel aus. Dann spritzte er ätzende Tabaklauge, wovon er fortwährend eine Portion im Munde hatte, darauf und rieb nach. Das Tabakkauen war jedem Schäfer eigen. Die sorgfältige Beobachtungsweise, bei der diese Krankheit stets schon im Keime erstickt wurde, war von großem Segen für die Herde. Kam es jedoch zum Ausbruch und zur Ansteckung, so wurde stets dem Schäfer die Schuld gegeben.

Während der Aufstallung, den Winter hindurch, war es die Pflicht des Schäfers, die Schafe nachzusehen und zu schmieren. Er hatte in einer Hornbüchse, die mit einem

Henkel versehen war, eine ätzende Teersalbe vorrätig. Die krankhaften Stellen waren leicht zu finden, denn das Fell war an dieser Stelle zupfig.

Dem Schäfer lag behufs seines Dienstvertrages, auch alten Herkommens, sehr viel ob. Nach der Schur wurde ihm auch das Geschäft des Wollhandels anvertraut. Er hatte ja selbst die Wolle von etwa 40 Schafen zu verkaufen.

Ein Kaufmann aus Grohnde oder Halle kaufte die Wolle auf und besuchte damit den Wollmarkt in Hannover oder Hildesheim. Der Schäfer ging morgens vor dem Austreiben zu den einzelnen Leuten, um die Wolle einzubinden. Zuvor hatte die Hausfrau ihren Bedarf für die Bekleidung und als Lohn für die Knechte und Mägde ausgerissen. Der Schäfer legte einige gute, heile Felle breit auseinander. Darauf packte er dann etwa vier bis fünf zerrissene Felle oder auch Restteile hinein. Die Schurseite kam nach außen. Diese ½ Meter großen sogenannten Knuppen wurden mittels gedrehter Weiden eingebunden, gewogen und mit einem Zettel, behuf Namen und Gewicht, versehen. Nach der Lieferung gab der Schäfer die erhaltenen Beträge an die Leute ab.

Die Züchtung der Schafe war eine Hauptbedingung bei der Schäferei. Etwa die Hälfte der Schafe waren Mutterschafe. Dem Schäfer oblag es ferner, einen oder auch zwei Böcke zur Begattung der Schafe zu halten. Bis um die Zeit von 1845 war in der Schafzucht hierorts noch keine Kreuzung vorgenommen. Die Wolle unseres sogenannten Wesermarsch Schafes war langhaarig und spröde. Der derzeitige Schäfer hier verschaffte sich einen sogenannten Englischen Bock. Die Folge war, daß die davon stammenden Lämmer neben der üblichen weißen Farbe eine dunkelbraune Schnauze und dunkelbraune Füße hatten. So nach und nach wurde die Wolle kürzer und geschmeidiger und das Fell dichter.

Aus dem Vorhergehenden ersieht man, daß dem Schäfer sehr viel anvertraut werden mußte. Von manchem Schäfer wurde dieses Vertrauen auf unehrliche Weise mißbraucht.

Was den Schlachtwert betrifft, so ist wohl unter keiner Tiergattung ein so großer Unterschied wie bei dem Schafvieh. Jeder Vollmeier hatte den Winter hindurch dem Schäfer zwei Schafe mitzufüttern. Man konnte sich gewärtigen, stets die größten Hammel aus seiner Herde zu bekommen.

Der Schäfer hatte ja sozusagen den Sommer über die Herde Schafe ganz in seiner Gewalt. Krepierte eines während der Weidezeit, gewöhnlich war es lungisch, so hatte er dem Eigentümer das Fell abzugeben. Das Zeichen am Ohr sollte die Bestätigung aufweisen.

Im Herbst, wenn die gesunden Hammel fett geweidet waren, kamen die Händler und Schlachter zum Schäfer auf das Feld. Oft verkaufte der Schäfer die guten und fettesten Hammel und Jährlinge als die seinigen an den Händler. Seine zurückgebliebenen versah er dann mit dem betreffenden Ohrenzeichen. Die Tiere des Schäfers hatten ja bekanntlich heile Ohren.

Auffallend war es, wodurch sich ja auch der Verdacht bestätigte, wenn die 40 bis 60 Schafe des Schäfers einmal beisammen waren wie bei der Schur. Diese Tiere waren weit gleichmäßiger und kräftiger als die Bauernschafe.

Eine andere Unehrlichkeit war es noch, daß die Schäfer zu Abendzeiten vielfach jungen Klee, Esparsette und Luzerne und auch die Wiesen im Herbst zu Schaden hüteten. Mir gab mal ein gebildeter, erfahrener Mann, ein Tierarzt aus Halle, ein Rätsel auf: Wenn ein Schneider, ein Müller und ein Schäfer in eine Tonne paßten und man diese einen Berg hinunterlaufen ließe: Wer von den dreien, unten angekommen, obenauf läge? Ich äußerte mich verwundert über das

Rätsel. Er beantwortete dasselbe mit der Lösung: Jedesmal ein Spitzbube.

Mit Schaudern erinnere ich mich, indem ich dieses schreibe, daß ich es damals nicht eher fertigbrachte, mich von dem alten Herkommen der Schäferei zu trennen.

Die Schweinezucht

Bis zur Separation 1847, solange noch die Schweine geweidet wurden, hielten die größten Besitzer hier im Ort eine Sau für den eigenen Bedarf. Für die Nächstbedürftigen hier in der Nähe (Nachbarn) wurden überzählige sechs Wochen alte Ferkel verkauft.

Es war bis dahin nur eine Rasse hier und in der Umgebung bekannt: das alte Deutsche Hausschwein. Eine Veredlung durch Zucht des Schweines war bis zu der benannten Zeit nicht bekannt. Das hier vorhandene alte Landschwein gedieh bei der Aufzucht langsam und war erst nach 1½ bis 1¾ Jahren ausgewachsen. Dieses Tier stand hoch auf langen Beinen, hatte kurze, spitze, hochstehende Ohren, einen dünnen Hals mit langem Kopf mit geradeaus stehendem Rüssel. Der vom Kopf bis zum Schwanz gebogene, sehr schmale Rücken war mit einem starken, steifen 13 cm hohen Borstenkamme bewachsen. Der übrige Körperteil, mit Ausnahme des Bauches, war dicht mit 5 cm langen Haaren versehen. Die Farbe der Tiere war Weißgrau, in einzelnen Fällen auch Kohlschwarz.

Die Aufzucht war sehr unsicher. Die Sauen warfen nur wenige Ferkel, und es kam nicht selten vor, daß ältere Sauen, wenn man nicht darauf achtete, gleich beim Wurf einzelne ihrer eigenen Ferkel auffraßen. Mitunter kam es auch vor, daß unentwickelte Junge zur Welt kamen. Diese wurden sogleich beseitigt.

Nach der Separation, als die gemeinsame Weide aufgegeben wurde, traute sich keiner, weiter zu züchten. Es herrschte das Vorurteil, daß Züchten ohne Weidegang, bei dem die Sauen Bewegung und Zugang zum Eber hatten und baden konnten, nicht gehen würde.

Die Schweinetreiber zogen mit vierteljährigen, auch halb- und dreivierteljährigen Schweinen, die zum Weitermästen verkauft wurden, von Ort zu Ort. In späteren Zeiten, als die Wege besser wurden, kamen die Händler mit Wagen zu den Märkten. Sie boten sechs, acht oder auch zehn Wochen alte Ferkel an. Die Händler hierzulande kamen damit aus dem Lippischen. Dort war die Züchtung bei den Landwirten damals und auch noch heute ein Haupterwerbszweig. Durch solchen Import kam eine andere Rasse, die Lipper genannt, zu uns. Sie hatte viel Ähnlichkeit mit unserer Rasse, hatte jedoch lange, halbschlaffe Ohren. Später gab es dann ein veredeltes Schwein, Baster, genannt. Dieses zeichnete sich dadurch aus, daß es einen breiteren Körper und kürzere Beine hatte. Es war auch dünner behaart und hatte keine Borsten mehr auf dem Rücken. Wer erst einmal solche Tiere gehabt hatte, kaufte sie immer wieder.

Ich erinnere mich, es mochte so um 1860 gewesen sein, daß meine selige Mutter auf der großen Hausdiele vom Händler vier Stück der jungen Schweine aussuchte. Sie fragte den Schweinetreiber, ob es auch die richtigen Baster seien. Er sagte: „Dat kann eck nich witen, es is jök saune Haurerei ein dort ander" – Das kann ich nicht wissen, es ist ja so eine Hurerei, ein Durcheinander.

Diese Schweine wuchsen in kürzerer Zeit heran, und wegen ihrer Gefräßigkeit wurden solche eher fett. In der Veredlung der Schweine ist in Deutschland in den letzten 25 Jahren Erstaunliches geleistet. Seit 20 Jahren wurden schon besondere Exemplare auf Ausstellungen mit hohen

Prämien bedacht. Auch gegenwärtig wird für die Veredlung der Schweinerassen sehr viel aufgeboten. Neben hinreichender Fruchtbarkeit, Frühreife und Raschwüchsigkeit wird ein besonderer Wert auf Widerstandsfähigkeit gelegt. Seit 1890 sind die Preise für die jungen Schweine bedeutend gestiegen. Fünf bis acht Wochen alte Ferkel kosten 15 bis 18 Mark. In der Mitte des vorigen Jahrhunderts zahlte man für solche knapp einen Thaler. Diese hohen Preise waren der Anlaß, trotz der Stallfütterung die Züchtung wieder einzuführen. Die Landwirte der umliegenden Ortschaften befaßten sich damit und machten ein gutes Geschäft. Dagegen waren die Landwirte der Weserdörfer wegen des wertvollen Wiesenheues, was selbige ernteten, mehr auf die Aufzucht des Rindviehes bedacht.

Einiges über die Stallungen und das Mästen der Schweine: Früher stand auf jedem Gehöft auf einem freien, hohen Platz ein alleinstehender einstöckiger Fachwerkstall mit dünnen, etwa 15 cm starken Lehmwänden. Der untere Teil war mit kleinen Bruchsteinen ausgemauert und innen mit Brettern benagelt. Dieser Stall, etwa 10 m lang, 2 m breit und 1¾ m hoch, war im Inneren mit eichenen Bohlen abgeteilt. Auf einem Vollmeierhofe war dieser Stall versehen mit einem Gelaß für die Sau, einem zweiten für die Faselschweine (Läufer) und einem dritten für die Mastschweine. Da zu damaliger Zeit die Schweine nicht gestreut wurden, war der Stallboden mit starken Buchenbohlen belegt. Darunter war es hohl, woselbst sich die Jauche sammelte und unter der Schwelle nach außen abfloß, wo sie sozusagen vertrocknete.

Der Stallboden in der Abteilung für Mastschweine war in zwei Teile eingerichtet. Nach hinten war er 30 cm höher und dicht mit Bohlen belegt. Hier lagen gewöhnlich drei Stück 1½- bis 2jährige Schweine. Diesen Lagerplatz hielten sie stets trocken und sauber. Dagegen verrichteten sie ihre kleinen und großen Bedürfnisse in dem tieferen, durchlassenden Raum. Die Frontseite des Stalles war dem Hofraum zugekehrt, dagegen wurde von der Außenseite, also vom Obst- oder Baumgarten, gefüttert. An dieser Wand war eine der Trogläge entsprechende Öffnung. Darüber war ein nach außen abstehendes, 30 cm breites Brett eingefalzt. Durch diese Spalte, Trichter genannt, die etwa 35 cm über dem Trog war, wurden die Schweine gefüttert. Die Mästung der Schweine geschah damals in den Monaten Dezember bis Februar. Es ging viel Futter verloren, denn das Futter fror im Troge, und die Reste sammelten sich an. An den Trog war, um ihn zu reinigen, nicht anders zu gelangen, als die Tiere auf den Hof zu lassen. In den Stall zu den Schweinen zu gehen, riskierte keiner, denn die derzeitige Rasse war bösartig und bissig. Auf dem Gebiete der zweckmäßigen Stallungen für Zucht-, Fasel- und Mastschweine sowie auch für die übrigen Haustiere ist in den letzten 50 Jahren viel geschehen. Mein Vater baute im Jahre 1848 einen massiven Stall aus Bruchsteinen mit einem vor der Trogfront entlanglaufenden Futtergang, von wo aus die Tiere beobachtet, gefüttert und auch die Tröge gereinigt werden konnten. Dieser Stall hatte sechs Abteile: eines für die Zuchtsau, ein zweites für die Absatzferkel, ein drittes für die Fasel- und ein weiteres für die Mastschweine, noch eines für ein oder zwei Kälber und einen sechsten Stall für Gänse. Der Stall war zum Streuen mit Stroh eingerichtet, und er hatte genügend Gefälle zum Abfluß der Jauche. Dieser Stall war wegen seiner ebenmäßigen, dicht gefachten Türen, die Frontseite dem Hofraum zugekehrt, eine Zierde des Gehöftes.

Über die Fütterung und Mast der Borstentiere möchte ich noch einiges erwähnen. So bis vor 40 Jahren wuchsen die Schweine der damaligen Rasse nur sehr langsam. Sie mußten 1½ Jahre gefüttert werden, bis sie ausgewachsen waren und dann zum Schlachten gemästet werden konnten. Das hauptsächliche Futter für diese heranwachsenden Faselschweine war auf dem Bauernhofe meistens Roggenkaff. Bis 1860 wurde ja ein Drittel des Feldes mit Roggen bebaut, und dieses Kaff war reichlich vorhanden. Dazu kamen Trespen und Raden, auch kleine Gerste, Kartoffelschalen, auch kleinere Knollen, und um alles schmackhaft zu machen, wurden noch ein paar Runkelrüben dazwischen geschnitten. Dieses Gemenge wurde in einem großen Kessel gekocht.

Die Mast der damaligen Rasse war langweilig, und es mußte früh im Herbste damit begonnen werden. Gefüttert wurde neben kaltem Wasser heiles Korn, vorzugsweise weiße Erbsen, gekocht oder auch roh. In noch älteren Zeiten, vor 1846, wurden die Schweine ausschließlich mit gekochten Kartoffeln gemästet. Eine weitere Methode, die Borstentiere zu mästen, wäre noch zu erwähnen, man nannte es: „In die Mast treiben".

Bekanntlich bestanden die Waldungen neben der Buche überwiegend aus Eichen. Fichten oder Tannen waren hierorts noch unbekannt. Der Graf von der Schulenberg war zu der Zeit noch Eigentümer des sämtlichen Hehlerholzes. Er war verpflichtet, den Interessenten von Hehlen, Brökeln, Frenke und Daspe aus der Forst das nötige Brenn-, Bau- und Nutzholz zu gewähren. Ähnlich wird es auch mit der Nutzung der Frucht der Bäume von seiten der Interessenten gewesen sein. Wenn die 100 bis 200 Jahre alten Eichenbestände dem Anschein nach lohnend Eicheln trugen, dann wurde eine sogenannte Mast veranstaltet. Es wurden drei Personen gewählt, die zusammen mit dem gräflichen Gutsförster eine Schätzung in dem betreffenden Forst vornahmen. Dabei wurde dann festgesetzt, wie viele Schweine, ob hundert oder mehr, auf gewisse Wochen reichlich Nahrung zum Fettwerden finden konnten. 1840 habe ich als zehnjähriger Knabe eine Sau mit hingetrieben, die an zwei Stricken geführt wurde. Am Hagenberge, oberhalb des Ziegenborns, war ein Stall für die Nächte, ein baumhofgroßer Raum, umzäunt. Zwei Wärter mit abgerichteten sogenannten Schweinehunden hatten die eingeführten Tiere vom Morgen bis zum späten Abend unter den mächtigen und großen Eichen zu hüten. Ab und zu wurden sie zum Wasser geführt. Beim Eintreiben wurden die Tiere gezeichnet. Dieses Masttreiben war das letzte, denn es erwies sich als verfehlt. Die Schweine mußten, weil zu wenig Nahrung fiel, nach drei Wochen ebenso mager, wie sie eingeliefert waren, wieder weggeholt werden. Es gab dieses eine nicht geringe Empörung der Beteiligten. Die Schätzer sollten zum Schadenersatz herangezogen werden. Diese Sache wurde von Forstbeamten untersucht, und es stellte sich heraus, daß die Frucht auf den Eichen von Käfern durchfressen war. Die Eicheln waren nicht reif geworden und vorzeitig abgefallen. Der Speck von in der Eichelmast fett gewordenen Schweinen soll sehr fest und schmackhaft gewesen sein. Eine weitere Mast kam nicht mehr zustande. Der Graf von der Schulenburg ließ den Bestand in den nächsten Jahren fällen. Das Eichenholz war sehr im Wert gestiegen. Händler kauften es zu guten Preisen auf, und dann wurde es in Blöcken floßweise auf der Weser nach Bremerhaven befördert. Hier wurden Seeschiffe davon gebaut.

Auf jedem Bauernhofe standen neben dem Obstgarten gewöhnlich an den Grenzen wilde Bäume. Eine Birke zur Erlangung der nötigen Besenreiser, ein paar Weidenbäume für Schippen, Mulden und Tröge. Die Eschen wurden jährlich geköpft und die schlanken Zweige in Bunde gebunden und zum Trocknen an Zäunen aufgerichtet. Im Winter wurden sie den Schafen auf die Hilte gegeben. Die Tiere fraßen Blätter, kleine Zweige und die Rinde. Als Rückstand fand man nur die dicken Astteile, auch davon hatten sie den Bast abgenagt. Vorwiegend wurden damit Zäune repariert und gebaut. Einige Eichen standen auch auf jedem Hofe. Sie gaben Futter für die Schweine.

Alle diese wilden Bäume sind in den letzten Jahrzehnten des vorigen Jahrhunderts von den Höfen verschwunden. Nur der Walnußbaum hat sein Recht nicht eingebüßt. Die letzte Eiche, die im Ort noch vorhanden, war ein über hundert Jahre alter Stamm. Er stand mitten auf dem Hofe Nr. 3 und mußte, weil gebaut wurde, gefällt werden.

Die Ziege

Selbst die Ziege, ein hier im Umkreis in den kleineren Ställen sehr nützliches Haustier, ist gegen ältere Zeiten in den letzten zwei Jahrzehnten um das Dreifache an Stückzahl vermehrt. Sie ist auch durch eine ausländische Rasse mit stärkerem Körperbau veredelt worden.

Das Geflügel

Auch das Geflügel, Gänse, Enten, Puten, Pfauen, Tauben und Hühner, ist durch Import ausländischer Rassen im Blute aufgefrischt und veredelt worden. Sogar Geflügelausstellungen haben in den letzten zwei Jahrzehnten an größeren Plätzen stattgefunden. Das Huhn nimmt von allem Geflügel auf den Höfen die erste Stelle ein. Bei den kleinen Besitzern sind es nur ein paar, und auf den größeren Höfen findet man bis 60 Stück. Das Deutsche Haushuhn, auch Mistkratzer genannt, mit einer italienischen Rasse veredelt, wird hierorts vorgezogen. In der Zeit, als noch keine Blutauffrischung durch fremde Rassen stattgefunden, herrschte bei den Hühnern neben dem Ungeziefer noch eine Krankheit. Sie kam bei erwachsenen Hühnern sehr häufig vor, nämlich der Pips, für gewöhnlich Zipp genannt. Wurde diese Krankheit nicht zeitig beachtet, konnten sie daran verenden. Es hieß hier im Ort, der oder die könne dem Huhn den Zipp nehmen. Gewöhnlich war es dann die Hausfrau oder Mutter, die die nötige Operation vornahm. Das kranke Huhn war leicht zu kriegen. Es wurde von jemandem gehalten, und es fand sich bald, daß dem Tiere der Vorderteil der Zunge angeschwollen war und es daher nicht schlucken konnte. Das Glied war dick und weiß. Die leichte Operation bestand darin, daß mittels eines sogenannten Federmessers oder auch mit einer Näh- oder Stecknadel der Zunge am Oberteil die dicke, weiße Haut abgelöst und nach vorne abgezogen wurde. Dann wurde eine Spinne gefangen. Nachdem dem Huhn das rote Zungenglied mit etwas Butter bestrichen, wurde die Spinne, ebenfalls mit einem Klümpchen Butter angefeuchtet, dem Huhn lebend über die Zunge geschoben. Nachdem dem Huhn Wasser vorgehalten, ließ man es laufen, und es war wieder gesund. Ich machte derzeit bei der so häufig vorkommenden Krankheit dasselbe Manöver, ließ aber die Zeremonie mit der Spinne beiseite und hatte denselben Erfolg.

Die vor 40 Jahren hier vorkommenden Hühner waren weit scheuer und lebendiger als die durch Kreuzung gegenwärtig vorhandenen. Sie waren am Tage stets auf ihre Nahrung aus. Man sah sie, auf dem Hof und im Obstgarten verweilend, Insekten suchen. Die Hühner wurden nicht regelmäßig gefüttert. Täglich wurde gegen Abend das Streustroh auf die große Diele vor die Türen der beiden Pferdeställe und des Kuhstalls geschüttet. Sämtliche Türen gingen stalleinwärts auf. Die Hühnerschar kam dann aus allen Winkeln angeflogen. Wenn das Aufschütten mal später geschah, kamen alle Jungen und Alten nochmals vom Wieben, um ihr Abendfutter aufzunehmen. Es war in der Zeit, als noch keine Dreschmaschinen vorhanden und alles mit dem Flegel gedroschen wurde und noch so manches Korn aus dem Stroh fiel.

Das Nachtgelaß des Huhnes war an dem luftigsten und kältesten Ort im Hause angebracht. Über der großen Haustür waren in etwa einem halben Meter unter der

Balkendecke an Stricken hängende Stangen angebracht, und diese waren mit Brettern belegt. Quer nach unten waren in mittlerer Höhe Ruhestangen angebracht, und der Salon war fertig. Am Abend hielten die Hühner die Aufflucht auf den Wieben pünktlich inne. Sie stellten sich dazu reihenweise auf das obere Ende der großen Diele und gingen nacheinander in schräger Richtung etwa 8 Meter zum Stalle. Für die heranwachsenden Küken war zur halben Höhe unter dem Wieben in einer Ecke eine alte Tür gelegt. Lange dauerte es nicht, da machten auch diese die Reise mit den älteren Hühnern mit.

Die Hähne, ein oder zwei, manchmal sogar wohl auch drei Stück unter den etwa 40 Stück meist schwarzen Hühnern, waren eine Zierde auf dem Hofe. Neben dem stolzen gemessenen Schritt, der denselben eigen war, hatten alle Hähne vor der Kreuzung mit fremder Rasse ein und dieselbe Farbe. Der ausgewachsene Hahn war etwa ⅓ größer als das Huhn. Er hatte einen leicht gebogenen, hellfarbigen Schnabel und über demselben auf dem Kopfe einen purpurroten, kronenartigen Kamm, welcher mit Würde getragen wurde. Der etwas gebogene Hals war bekleidet mit einer bronzefarbigen, gemischt mit hochroten Federn geschichteten Pelerine, hängend bis über die Brust. Der übrige Teil des Körpers bestand aus einem Behang aus bronzefarbigen Federn. Nicht minder zierte den Hahn der hoch schwungmäßige, mit tiefblau glänzenden Federn geschmückte Schweif.

Der Hahn wurde als Symbol bei manchen Feierlichkeiten benutzt. Auch bei dem damals üblichen Haus- und Scheunenrichtfeste durfte der Hahn auf der Spitze des Kranzes, der beim Umzug im Ort von zwei der ersten Jungfrauen nach dem Takte der Musik getragen wurde, nicht fehlen. Er war aus Pappe geschnitten und mit Goldschaum bemalt.

Die Hähne waren aber auch die Ritter im Ort. Sie blieben nicht in ihrem Heim, sondern passierten andere Höfe und befehdeten stets einander. Ergötzlich war solch ein Duell anzusehen, wenn man es nicht vorzog, sie auseinander zu scheuchen. Wenn die beiden kampfbereiten Hähne sich forderten, gingen beide etwa 15 Schritte = 9 Meter rückwärts auseinander. Auf ein Zeichen beiderseitig, indem sie sich aufbauschten, flogen sie gegeneinander. Das Ziel war ein Teil des Kammes. Beim ersten, zweiten, manchmal auch dritten Anflug wurde er gewöhnlich verfehlt, indem sie gegeneinander abpurzelten. Die Hähne wiederholten den Anflug solange, jeder seinen Platz wieder einnehmend, bis einer davon, der einen schmerzlichen blutenden Hieb erhalten hatte, um die Ecke lief. Der Gewinner flog auf den höchsten Gegenstand, der in der Nähe war, und verkündigte seinen Sieg durch kräftiges Krähen.

Der Hahn war auch ein willkommener Gast im Hause dadurch, daß er morgens den nahenden Tag durch sein Krähen ankündigte. Das Hahnengeschrei oder Kikerikiki der früheren heimischen Rasse war viel reiner, kräftiger und hochtöniger. Namentlich das „. . . kie" zogen sie kräftiger von den offenen Wieben in den größeren Hausraum, daß selbst der tiefste Schläfer eine Ahnung davon bekam.

Die Hähne krähten morgens um drei Uhr. Dann jede Stunde, so pünktlich und zuverlässig, daß man annehmen sollte, daß vor Jahrtausenden die Tageszeit danach eingeteilt sei.

Dem Großknecht auf dem Hofe kam das Krähen morgens sehr zustatten, da derselbe derzeit der erste war im Haus. Er hatte für Licht und Feuer zu sorgen, und er mußte das Futter für die Pferde auf der Handlade, dem Zappelbock, schneiden. Dann oblag ihm noch das Wecken des übrigen Gesindes.

Überhaupt war das damalige Hühnervolk sehr rührig. Die Hühner flogen mehr, als sie gingen. Wurden sie ausnahmsweise mal gefüttert, so kamen sie auf das „kum Tit" nicht angelaufen, sondern über Zäune und Hecken angeflogen.

Wie bereits erwähnt, besuchten die Hähne auch andere Gehöfte. Von der früheren Kötnerstelle Nr. 13 kam, das muß so 1845 gewesen sein, den Winter hindurch regelmäßig der Göhmannsche Hahn morgens früh über Tor und Gatter angeflogen, vor der großen Tür sich niederlassend. Dann wartete er auf die Hühner und fertigte sie ab, sowie diese vom Wieben kamen. Es war ein Prachtexemplar, und wir hatten damals nur einen Hahn. Dieser hatte bereits ein Duell mit ihm gehabt und zog sich immer zurück, wenn er kam. Die Besuche nahmen aber ein jähes Ende, und ich möchte dieses Kuriosum nicht unerwähnt lassen.

Es war im Februar. In der Nacht war das Eis auf der Weser losgegangen, und das Stauwasser hatte den unteren Teil des Hofes überflutet. Kaff und Strohteile schwammen auf dem Wasser. Nachdem der Hahn seine Morgengrüße abgestattet hatte, wollte er wie üblich seinen Weg nach Hause zurücklegen. Da sank er unfreiwillig durch das oben schwimmende Stroh in das kalte Wasser. Er mußte eine Strecke schwimmen und waten, bis er mit großer Mühe oben auf dem Hofe ankam. Hier schüttelte er sich und lief, ohne sich noch einmal umzusehen, nach Haus. Das hat er wohl sehr übelgenommen, denn er kam nie wieder.

Auch die Hühner untereinander stritten sich oft. Sie bauschten sich auf und flogen kerzengerade voreinander etwa 1 m hoch auf. Auge in Auge tobten sie durch Schnabelhiebe ihren Sinn aus, bis sie sich blutig verließen. Das jetzt gegenwärtig hier vorhandene Hühnervolk ist gegen die früheren nicht nur stärker am Körper, sondern auch zahmer und ruhiger.

Der Esel

Bevor ich mit der Abhandlung der Haustiere schließe, will ich noch ein Säugetier erwähnen, nämlich das Grautier, den Hartschlägigen, den Esel. Obwohl dieses in älteren Zeiten so populär vorhandene Reit-, Zieh- und Lasttier schon seit Jahrzehnten auf dem absterbenden Etat steht, möchte ich noch einiges darüber erwähnen.

Der Esel war ein träges Tier, das zum Laufen nicht anders zu bewegen war als durch Hiebe. Er war etwa so groß wie ein dreivierteljähriges Rind und hatte ein stark behaartes, hellgraues Fell. Sein kurzer Kopf endete in einem breiten Maul, und er hatte lange, breite, nach oben spitz zulaufende Ohren. Schweif, Mähne und Ohren waren schwarz gezeichnet, letztere halb schlaff getragen, im aufgeweckten Zustand hoch aufgerichtet. Das Tier hatte eine komische Gestalt, gewöhnlich wurde es auch Langohr genannt. Meistens wurde der Esel zum Lasttragen benutzt, da zu der Zeit fast alle Wege für kleine Wagen unpassierbar waren. Oft sah man einen oder auch mehrere Esel belastet über Land ziehen. Man sagte dann, da ziehen Eseltreiber hin. Gewöhnlich bestand die Belastung der Tiere darin, daß auf dem Rücken nach beiden Seiten hin eine Kiepe hängend angebracht war. Andere waren mit Quersäcken belastet, die aufgebauscht nach beiden Seiten im gleichen Gewicht abstanden. Hinter jedem Lasttier war ein Treiber, denn ohne Hiebe war kein Fortkommen.

Der Esel war aber ein zähes Tier. Mit den mit Eisen beschlagenen Füßen verstand er es, auch die schlechtesten Wege zu passieren. Zum Ziehen waren die Esel weniger zu gebrauchen. Ich erinnere mich an die Zeit, als auf dem Gräflichen von der Schulenburgischen Gute in Hehlen noch keine Ochsengespanne gehalten, stets ein Vierergespann Esel vorhanden war. Fast täglich war dieses Gespann unterwegs zur Mühle oder zu Fahrten nach Bodenwerder oder Grohnde. Bedient wurde es gewöhnlich durch einen Jungen, Eseljunge genannt. Dieses war der schwierigste Dienst, den es geben konnte, da er stets mit der Peitsche zu pötern hatte, um alle vier in Bewegung zu halten. Wenn mal ein älterer Mann sich zu diesem Dienst hergab, so hieß er auch Eseljunge.

Zum Reiten wurde der Esel weniger genommen, denn er war zu niedrig für Erwachsene. Am längsten sollte das Tier in den Badeorten sein Dasein fristen. Hier wurde es für Stunden, vorzugsweise an Herren zur Belustigung der Damen, zum Reiten vermietet. Jedem Tier war auch hier ein Eseljunge beigegeben, der das Tier vorführen, treiben und auch wieder abnehmen mußte. Bei jedem Peitschenhieb machte das Tier einen trodelnden Anlauf, aber nicht zum Sprunge, sondern zum Stehenbleiben. Man hat niemals gehört, daß schon mal ein Esel flüchtig geworden ist.

So unempfindlich er gegen Hiebe war, so unempfindlich war er auch gegen Krankheiten. Nachdem nun die Wege und Straßen besser geworden sind und so nach und nach auch kleinere Wagen benutzt wurden, sind die Esel so ziemlich verschwunden. Statt dessen werden die kleinen russischen Pferde und die Ponys wegen ihrer Munterkeit obigen vorgezogen.

Die Lohnbewegung der landwirtschaftlichen Arbeiter

in der letzten Hälfte des vorigen Jahrhunderts

Die Bewegung der Löhne war seit 1850 eine stets steigende und stand in keinem Verhältnis zur Verminderung des Geldwertes.

Die Löhne für Knechte, Mägde und Tagelöhner hatten bis dahin seit Menschengedenken ohne Schwankungen ein und dieselbe Höhe. Auf mittelgroßen Höfen, wo vier Pferde gehalten wurden und für dieselben das Futter zu schneiden war, betrug der Lohn für den Großknecht für das Jahr 18

Thaler = 54,– Mark, einen Thaler Mietgeld und 1½ Stiegen Leinwand und 2 Pfund Wolle.

Auf Höfen, wo sechs Pferde vorhanden, zwei Thaler mehr. Der Kleinknecht erhielt neben einem Gulden Mietgeld bis neun Thaler = 27,– Mark, ein Pfund Wolle und eine Stiege Leinen.

Die Großmagd bekam neun Thaler = 27,– Mark, einen Himten Lein mitgesät, 1½ Pfund Wolle und 1½ Stiegen Leinen.

Südlich von hier, auf den höher gelegenen Ortschaften, war der Lohn an barem Geld noch etwas niedriger, dagegen erhielten die Knechte neben Wolle und Leinen ein Paar Schuhe aus Rindleder, welche mit Eisen und Stoßnagel beschlagen waren. Die Magd bekam ein Wams, gefertigt aus bedruckter Leinwand. Zu Weihnachten bekamen die Mägde ein Tuch oder eine Schürze von bunt bedrucktem Leinen.

Wenn die Kleinknechte so gegen das 20. Jahr stärker wurden, vermieteten sie sich beim Großkötner oder Halbmeier und hatten da für zwei oder drei Pferde das Futter zu besorgen. Sie bekamen dann jährlich 50,– Mark. Der Landwirt auf einem gewöhnlichen Vollmeierhof hatte zwei Tagelöhnerfamilien und zur Erntezeit eine ledige Frauensperson als Binderin. Den Tagelöhnern säte er gegen Vergütung von zwei Thalern einen Himten Lein mit. Der Lein beanspruchte etwa eine Fläche von ¼ Morgen. Dadurch waren die Leute gebunden und verpflichtet, die Ernte hindurch mitzuhelfen. Die Männer mußten sich eine Schneidlade halten und hatten zur Herbstzeit, nach Martini, den Hackhafer mit zu schneiden. Den Winter hindurch mußten sie das Winterkorn mit dreschen.

Im Herbst konnten sie sich beim Streken des Erbsen- und Wickenlandes einen Morgen davon auslichten und die Quecken für sich verarbeiten. Auch erhielt jede Familie für einen Thaler Klee zum Grünfüttern. Das waren, je nachdem der Klee gut oder schlecht war, acht bis zwölf Ruthen. Ihren Mist fuhr der Arbeitgeber auf seinen Acker, auf dem die Tagelöhner ihre Kartoffeln pflanzten. Sie bekamen dafür eine Fläche ähnlich der eines Himten Leines, also ¼ Morgen. Jede Familie bekam zwei Fuder Brakenholz aus dem Hehlener Forst. Das wurde je Fuder mit einem halben Thaler vergütet. Das übrige Brennholz holten sie sich als Lese- oder Abfallholz trachtenweise aus dem Walde. Wohnung sowie Gartenland ging den Landwirt nichts an. Der Lohn betrug für das Jahr hindurch, ob Winter- oder Sommerarbeit, pro Tag für die Männer neben Essen vier Mariengroschen = 32 Pfennige, für die Frauen 2½ Groschen = 20 Pfennige, mit Ausnahme des Flachsbrakens. Da bekamen sie die Arbeit brakenweise bezahlt, und der Tag wurde mit 15 Pfennigen berechnet.

Das Verhältnis der Tagelöhnerfamilien auf den Höfen, wo sie Lein gesät erhielten, war sehr gut. Pflichttreue und Anhänglichkeit dauerten mehrere Jahrzehnte, und gewöhnlich ging es wieder auf ihre Nachkommen über.

Der Wechsel bei den Knechten und Mägden war reger. Sie hatten bei ihrer langjährigen Dienstzeit, ehe sie sich für ihren eigenen Hausstand etwas erübrigen konnten, zum Teil mehrere Stellen.

Waren sie nach drei oder auch vier Jahren bei gutem, auch zu gutem Entgegenkommen zu sicher und unzuverlässig, dann fragte man sie, wenn die Mietzeit kam, nicht wieder. Man konnte sich dann von drei oder vier anderen gewöhnlich einen aussuchen, welche sich sogleich anboten oder anbieten ließen.

Ich selbst habe elf Jahre als Kleinknecht für die Kühe das Futter geschnitten und sieben Jahre Großknechtsstelle auf meinem väterlichen Hofe versehen und mußte vor der Tageszeit das Futter für sechs auch sieben Pferde schneiden.

Es war in den 50er Jahren noch üblich, daß auf den Höfen die Söhne Knechtsstelle sowie die Töchter bis zu ihrer Verheiratung Magdstelle zu versehen hatten. Auch hieß es in landwirtschaftlichen Büchern: Der rechte Bauer geht seinen Leuten mit der Arbeit voran.

Nach 1860 bahnte sich eine Wendung an. Der erste Anlaß zum Steigen der Löhne gab der Bau der Südbahn Bremen—Hannover—Kassel. Kräftige Leute gingen dorthin. Der Lohn eines ersten Knechtes stieg bis 1860 auf 30 Thaler, und dann ging es so weiter. 1867 betrug der Lohn für den Großknecht 50 Thaler und für den Kleinknecht 30 Thaler.

Bis dahin waren die Eltern froh, wenn sie ihre Söhne, die aus der Schule entlassen und 15, auch 16 Jahre alt waren, beim Bauern vermieten konnten. Sie selbst waren nicht imstande, bei so geringem Verdienst für ihre arbeitsfähigen Kinder zu sorgen.

Es kam aber bald anders. Durch stärkeres Ausheben und längere Dienstzeit beim Militär wurden der Arbeit die besten Kräfte entzogen.

Auch Industriebetriebe vermehrten sich infolge des Sieges über Frankreich (1870/71). Fabriken entstanden, Wasser- und Wegebau wurden in Angriff genommen. Die Separation von Ort zu Ort war verbunden mit dem Bau der Gemeindewege. Zahlreiche Bahnstrecken wurden neu gebaut und alles durch deutsche Arbeiter, denn für Ausländer war noch keine Verwendung. Auch die Baulust in den Städten war im ständigen Steigen. Man nannte die Zeit nach 1870 die Gründerjahre. Namentlich die Maurerei lockte viele junge Leute nach auswärts. Auch Arbeiter jeden Standes fanden in den Fabriken und wachsenden Städten lohnende Beschäftigung.

Die Folge davon war, daß für die Landwirtschaft ein fühlbarer Mangel an Arbeitskräften entstand. Wer keinen verheirateten Knecht gegen hohen Lohn hatte, mußte sich mit Schwächlingen oder Ungesunden behelfen. Selbst Jungen nach ihrer Konfirmation waren eine willkommene Hilfe. Wenn sie aber kräftiger wurden, gingen sie fort.

Die Löhne stiegen rapide mit jedem Jahr um etwa zehn Thaler. Vor einem Jahrzehnt hat die Steigerung den Höhepunkt erreicht. Der Lohn für den Großknecht beträgt bis gegenwärtig 100 bis 115 Thaler, für einen Kleinknecht bis 70 Thaler und für die Mägde 50 bis 60 Thaler. Dagegen sind die Zugaben von Wolle, Leinen und Leinsäen seit etwa 1890 fortgefallen. Der Wert der Geschenke zu Weihnachten bei den Mägden hat sich vermehrt.

In der Zeit nach 1880 kamen, bedingt durch die Eisenbahn, häufig fremde junge Arbeiter aus Ostpreußen und Polen. Sie waren meistens mangelhaft bekleidet, wenn sie ankamen. Vereinzelt tranken sie, und manche waren auch in der Arbeit unerfahren. Mit der Zeit wurde der Mangel an Arbeitskräften durch diese Leute etwas vermindert.

Es fehlt aber seit Jahrzehnten an Mägden auf dem Lande. In dieser Gegend gibt es Fabriken, die nur weibliche Personen zu Hunderten beschäftigen. Die Sucht nach den größeren Städten nimmt zu. Auf den Bahnhöfen erhalten sie schon Auskunft darüber, wo offene Stellen sind, die sie sofort antreten können. Die Großstadtsucht ist bei den Mädchen nicht minder als bei den Männern.

Nicht so rapide stiegen die Sätze der Tagelöhner. Zu Anfang der Bewegung bekamen sie pro Tag neben Essen 32 Pfennige. Der Lohn stieg dann für Männer 1860 auf 48 Pfennige und für Frauen auf 35 Pfennige. 1870 bekamen die Männer 70 und die Frauen 40 Pfennige pro Tag. Auch entfielen die Naturalien wie Klee und Quecken. Letztere wurden auch nicht mehr geerntet. Von da ab pachtete sich jeder Tagelöhner einen oder auch zwei Morgen Land bei seinem Bauern. Die Bestellung der Äcker, die Dünger-

und Erntefuhren, auch die Fuhre zum Dreschen wurden vom Arbeitgeber gegen Vergütung, ähnlich wie die Holzfuhre, gewährt. Noch 1875, als sich der Lohn für die Arbeiter verbesserte, wurde vom Arbeitgeber für die Gespannarbeiten nichts mehr berechnet. Um ständige und sichere Leute zu haben, wurden auf größeren Höfen Tagelöhner-Wohnungen gebaut.

Die Arbeit in den intensiven Wirtschaften, wo nun auch Rüben angebaut wurden, hatten sich so vermehrt, daß man einen ständigen Tagelöhner für jeden Tag neben zwei Knechten zu allen vorkommenden Arbeiten nötig hatte. Oft auch noch einen zweiten, welcher bei anderweitiger Beschäftigung während der Ernte sowie beim Maschinendrusch und anderen notwendigen Arbeiten zu haben war. Auf diese Weise fanden einige zusätzliche Tagelöhnerfamilien in Daspe Arbeit.

Was die Wohnung der Tagelöhner betrifft, so ist dieselbe gegen den bisher ortsüblichen jährlichen Mietwert überlassen, den sie früher zahlten, als sie noch in ungesunden, sogenannten Löchern hausten. In diesen alten Häusern hatten sie weder Stein noch Brett unter den Füßen, und sie mußten bei dem schlechten Verdienst ein trauriges Leben fristen.

In älteren Zeiten befanden sich die Wohnungen für die Tagelöhner in den Kötnerhäusern, wo ihnen ein Gelaß als Leibzuchtwohnung zur Verfügung stand.

Hier im Dorf gab es auch ein Gemeindehaus, das frühere Hirtenhaus. Es war für vier Familien eingerichtet. Jede Familie besaß eine kleine Stube ohne Fußboden auf gestampfter Erde, dazu eine Böhne (Kammer). Von der Diele ging eine Leiter nach oben, dort hatte jede der vier Familien ihr Schlafgemach, in dem sie auch ihre sonstigen Habseligkeiten aufbewahrte. Die einzige Küche unter dem großen Rauchfang benutzten die vier Familien gemeinschaftlich. Nicht viel besser waren die Leibzuchtwohnungen in den übrigen Kötnerhäusern. Dann gab es in Daspe noch eine Wohnung für die Armen: dies waren meistens alte Leute, in Nr. 10, der früheren Kapelle. Dieses aus Lehm und Steinen erbaute 60 cm dicke Mauerwerk war eingerichtet mit einer Stube und einer Küche. Darüber eine Böhne (Kammer). Diese Räume wurden so bis 1850 von drei Familien bewohnt, die in einer einzigen Stube gemeinschaftlich lebten.

Beim Bauen der Wirtschafts- und auch der Wohngebäude gab es nach 1850 eine Wendung. Zu jedem Bau mußten Plan und Zeichnung aufgenommen und der herzoglichen Kreisdirektion eingereicht werden. Dort wurde er durch eine Baubehörde geprüft und dem entsprechenden Ortsvorsteher wieder zurückerstattet, entweder für zulässig befunden oder erst nach Beseitigung der Mängel für genehmigt erklärt. Die Zimmergröße mußte den Verhältnissen entsprechend geräumig sein, auch die Mindesthöhe der Etagen war vorgeschrieben.

Wer gegenwärtig ein Tagelöhnerhaus für eine Familie baut, ob massiv oder als Fachwerk, kann selbiges nicht unter 2 500 Mark herstellen, dazu kommt der Bauplatz und manches übrige.

Als ich das Haus hier auf dem Hofe, Nr. 28, für zwei Familien bauen wollte, nahm ich mir Zeit und sah mir mehrere solcher Häuser an, bis ich meinte, die Einrichtung zweckmäßig und richtig getroffen zu haben. Dann ließ ich von drei verschiedenen Werkmeistern, die sich erboten, mir das Haus zu bauen, einen Kostenanschlag machen. Der Unterschied in den Forderungen von allen dreien war nicht erheblich, und doch kam die Ausführung ohne Raum, Öfen, Herde usw. auf etwas über 5 000 Mark.

In jüngster Zeit ist der Lohn für die Tagelöhner ohne die Gewährung obiger Gegenleistungen im Winterhalbjahr neben voller Beköstigung für den Mann pro Tag auf 80 Pfennige und im Sommerhalbjahr auf eine Mark gestiegen. Ohne Beköstigung erhielten sie 1,80 und 2 Mark pro Tag. Außerdem können sie auch im Akkord arbeiten, z. B. bei den Rüben und in der Erntezeit. Der gegenwärtigen Generation der Tagelöhner hier im Ort geht es besser als ihren Eltern.

Um 1860 kamen die Steinbrüche an der Weser in Betrieb. 1877 wurde der Rübenbau bei uns eingeführt, wo bei Akkordarbeit gut verdient werden konnte. Dazu kam 1887 das Kranken- und Invalidengesetz, das sich für die Arbeiter als eine große Wohltat erwies.

Dagegen ruht auf der Landwirtschaft ein großer Druck. Seit 25 Jahren dauern die niedrigen Getreidepreise an. Aus dem Ausland kommt massenweise billiges Brotgetreide ohne genügenden Zollschutz.

Einiges über die Verrichtungen in Haus, Hof und Feld eines Bauernhofes seit 1840 und vordem

Der Großknecht war die erste Kraft und der Vertreter des Herren auf dem Hofe. Wenn er gemietet wurde, dann mußte er ein gesetztes Alter haben, nicht unter 24 Jahre alt, und länger schon als Klein- oder Mittelknecht auf Höfen gedient haben, bevor von ihm erwartet werden konnte, die ihm obliegenden Arbeiten zum Vorteil seiner Herrschaft auszuführen. Wer geistig sowie auch körperlich etwas zurückgeblieben war, konnte natürlich den Platz als Großknecht nicht versehen, er mußte seine arbeitsfähige Zeit als Kleinknecht dienen. Bei dem Großknecht war es sehr wichtig, daß er morgens pünktlich wach wurde. Es handelt sich so um die Zeit bis 1850. Weckuhren gab es damals noch nicht.

Auch fertige Hölzer, die sogenannten Streichhölzer, fehlten noch. Der Großknecht hatte beim Erwachen morgens für Licht und Feuer zu sorgen. Das Feuer schlug er aus dem Steine. In seiner Schneidekammer hatte er in einer aus einem Stück Holz geschnitzten 25 cm langen, 10 cm breiten und 8 cm tiefen Kiste, die vor dem Fenster stand, Stein, Stahl und Zunder und Schwefelsticken. Fing der Zunder durch Streifschläge auf dem Feuersteine aus einem Funken an zu glimmen, dann hielt man einen Schwefelsticken daran, und daraus bildete sich eine Flamme. Diese wurde an den in Rüböl getränkten Docht des anzusteckenden Lichtes gehalten, bis das Öl zum Sieden kam und sich zur Leuchtflamme entfaltete. Petroleum gab es erst ab 1860 für die Lampen. Gewöhnlich ging ein armer Mann hausieren, der zum Licht- und Feuermachen Zunder, Schwefelsticken und Dochte feilbot.

Den Zunder machte man aus den kleinen, apfelgroßen, braunen Auswüchsen, die sich an Buchenstämmen bildeten. In nasser Buchenasche fermentiert, wurde anschließend geklopft, bis er so 2 mm dick und ausgebreitet ein Paar Hände groß war. Dieses Läppchen war dann auch durch das Klopfen sammetweich.

Die Schwefelsticken wurden von trockenem Tannenholz bereitet. 15 cm lange Abschnitte spaltete man in kleine Stückchen und bündelte sie in 2 cm dicke Bündchen. Beide Stumpfenden der Bündchen tunkte man einen Zentimeter tief in flüssiggemachten gelben Schwefel. Solche Sticken konnten, weil an beiden Enden geschwefelt, zweimal gebraucht werden

Die Dochte zu den Öllampen und Leuchten waren aus Baumwolle gedreht, etwa 20 cm lang und ½ cm dick. Sie konnten, der Tülle des Lämpchens entsprechend, da der

Docht aus mehreren Fäden bestand, dünner oder auch dicker gemacht werden. Das sogenannte Feuerzeug, bestehend aus Stahl, Stein und Zunder, war handlich. Ein jeder Raucher trug es in der rechtsseitigen Westentasche, um sich an jedem Ort und zu jeder Zeit Feuer anzuschlagen. In der linken Westentasche trug er sein Tisch- oder Zuschlagmesser.

Zurück zu den Morgenarbeiten des Knechtes. Hatte er Licht, was manchmal bei feuchter Witterung schwierig war, dann mußte er für die Pferde das Futter auf der Lade, Schneidelade, auch Zappelbock genannt, in der Zeit von ½4 bis gegen ½5 schneiden. In dieser Zeit fütterte er auch die Pferde und weckte den Kleinknecht zum Putzen der Pferde und die Mägde zu ihrer Morgenarbeit.

An den Dreschtagen, die derzeit mit Fremden zu acht Personen morgens um vier Uhr begannen, mußte er gegen ½4 Uhr mit Schneiden fertig sein. An den Tagen, wenn der Saatroggen von zwölf Uhr nachts bis sechs Uhr morgens gedroschen wurde, wurden die letzten Lagen mit sieben gedroschen, denn der Knecht ging dann um 4 Uhr zu seinen Pferden.

Damals wurde viel Roggen gesät, das doppelte Quantum gegen heute. Es wurden auch viele Trespen beim Müllern ausgesondert, und so mußte mehrere Male ab zwölf Uhr gedroschen werden.

Beim Pflügen hatte der Großknecht sämtliche Ackerstücke zu befurchen. Hier auf dem Hofe lag das Ackerland an 51 Stellen, und kein Stück hatte eine egale Breite. Seine Aufgabe war es auch, das gesamte Korn auf die heile Furche breitwürfig zu säen. Der Herr und der Kleinknecht hatten mit Eggen zu tun.

Mist, Korn und Holz wurden alles vierspännig gefahren. Damals waren noch alle Dorf-, Feld- und Landstraßen im Umkreise tiefgründig und voller Schlaglöcher. Der Fuhrmann konnte auch nicht nebenher gehen, da die einspurigen, tiefgründigen Wege zu beiden Seiten hohe Ufer hatten. Er mußte, auf dem hinteren Pferde sitzend, alle vier beobachten und lenken.

In der Ernte mußte der Großknecht vorwegmähen und vor Sonnenaufgang mit der Sense schon einen Teil zu Boden gelegt haben. Im Winter wurde abwechselnd Mist, Erde und Holz gefahren. Es wurde aber die meiste Zeit mit dem Flegel gedroschen.

Abends, während die Frauen und die Mägde spannen, der Kleinknecht die Pferde fütterte und das Kuhfutter schnitt, mußte der Großknecht auf der Rolle Stricke aus Grobhede spinnen. Man benötigte derzeit sehr viele Stricke zum Anbinden der Kühe und Pferde und als Stränge an Wagen-, Pflug- und Eggenschwengel. Jede Kuh brauchte jährlich zwei bis drei Bindestricke. Das Ösen- oder Schlingende wurde um die Hörner gebunden und dann durch die Löcher der Krippe gezogen und festgebunden. Wegen der dauernden Nässe faulten diese Stricke sehr schnell.

Zum Aufbinden des trockenen Flachses brauchte man einen Vorrat an Stricken, die mit Holzasche gepudert wurden. Diese Bunde wurden dann so fest gezogen, daß man nicht mit einem Finger unter das Band gelangen konnte.

Der Knecht ging sogar an den langen Winterabenden mit Rolle und Hede ins Dorf. Zugleinen, Gartenstricke, Sackbänder, Leitschnüre, Garnstricke für die Eggenschwengel, Bindestricke, Kuhstricke sowie sämtliche Grobhede für Pflug- und Eggenschwengel wurden an den Sonntagnachmittagen gemacht. Auf der Scheunendiele stand der sogenannte Strickwagen. Das war eine Vorrichtung für drei Personen, gewöhnlich für den Herrn mit Groß- und Kleinknecht. Mitunter kamen noch andere aus dem Dorf und halfen mit. Bei der Gelegenheit wurden auch Zugleinen für die Helfenden gemacht. Die Sonntage wurden vielfach noch zu außergewöhnlichen Arbeiten benutzt. So war selten ein Sonntag ganz frei.

Die anstrengendste Leistung des Großknechtes war vor Tage nüchtern das Futterschneiden. Auf Höfen, wo er für sechs Pferde zu schneiden hatte, bekam er bis 1850 an Lohn außer 1 kg Wolle und 1½ Stiegen Leinen 20 Thaler = 60 Mark. 18 Thaler = 54 Mark neben obigem Leinen und der Wolle pro Jahr, wo nur vier Pferde gehalten wurden. Es wurde ohne Ausnahme, jahraus, jahrein, an den Werktagen von morgens bis zum späten Abend, außer zu den Essenszeiten, durchgearbeitet.

Mittagspause gab es nur während der Mähtage in der Ernte. Zwischen der Gespann- und Futterzeit wurde gedroschen, Holz gehackt oder andere Hofarbeiten verrichtet. Selbst an den Feiertagen, außer der Zeit des Gottesdienstes, wurde gearbeitet. In der Grünfutterzeit wurde an den Sonntagen morgens und auch gegen Abend ein Fuder Klee geholt.

So wurden z. B., wenn am ersten Montag Roggen gedroschen werden sollte, am Abend davor die Scheunendiele abgeräumt sowie ein Vorrat Roggen, der bis zur Frühstückszeit reichte, an die Seite zum Anlegen aufgeschüttet und die erste Lage angelegt.

So bis 1865 wurde noch alles Korn in der Winterzeit mit dem Flegel gedroschen, der Roggen mit Hilfe der Tagelöhner zu achten und das Sommerkorn gewöhnlich zu sechsen. Es wurde morgens von vier Uhr, später von fünf Uhr an gedroschen. Während dieser Arbeit mußte der Großknecht um zwei Uhr oder drei Uhr früh mit dem Schneiden des Futters beginnen. Nur an den hohen Feiertagen, nämlich Weihnachten, Neujahr, Karfreitag und Ostern, war es üblich, diese quälende und geräuschvolle Arbeit nicht zu machen. Dann mußte der Knecht das erforderliche Futter im voraus schneiden.

Ich erinnere mich noch an einen Winter. Wegen starken Frostes haben wir zwei Tage vor Weihnachten zu achten Weizen gedroschen. An diesen Tagen begann ich um ein Uhr früh mit dem Schneiden des Futters. Anschließend mußte ich aber den Dreschern vorangehen.

Zieht man in Betracht, was vier oder auch sechs Pferde bei dem wenig geernteten Heu und den spärlich zugemischten Körnern für eine Menge Stroh verzehren, kann man ermessen, welche schwere Arbeit das Schneiden war. Es lag auch im eigenen Interesse des Knechtes, egales und kurzes Futter zu schneiden, denn beim Krippenreinigen kam sonst zuviel in den Mist.

Bei den Knechten, die diese Arbeit über Jahre verrichtet hatten, bildete sich durch die schiefe Haltung des Körpers auf der rechten Schulter eine runzelartige Erhöhung und auf der linken Seite über der Hüfte auf den unteren Rippen eine halbhand hohe Geschwulst. Diese Wülste waren schmerzlos und verschwanden nach und nach wieder, wenn diese strapaziöse Arbeit aufhörte. Bei manchen konnte man auch noch im späten Alter an ihrer schiefen Haltung und am Buckel erkennen, welche Arbeiten sie in ihrer Jugendzeit verrichtet hatten. Sogar beim Militär sollen die, die als Großknecht gedient hatten, zu erkennen gewesen sein, und es hieß, sie könnten sich während ihrer Soldatenzeit einmal ausruhen.

Ich selbst habe elf Jahre als Kleinknecht und sieben Jahre als Großknecht jeden Morgen nüchtern 1½ bis 2½ Stunden diese Arbeiten verrichtet.

Der Kleinknecht mußte das Futter für die Kühe schneiden und die Pferde morgens füttern. Das Futterschneiden machte er nach dem Abendessen, während er nebenbei die Pferde fütterte.

Wegen der übertriebenen Sparsamkeit hatte der Junge an seiner Schneidelade ein fast verbrauchtes und abgenutztes Messer der Pferdelade. Er mußte für die Kühe das Heu und das Gerstenstroh, welches allerdings leichter zu schneiden war, entzwei zappeln. Mittags nach dem Ausspannen, während der Großknecht sein Schneidemesser wetzte, hatte er das zum Streuen nötige Stroh auf die Heudiele zu holen, einmal durchzuschneiden und auseinanderzubreiten. Darauf holte er die Schafe, die vom Herbst bis zum Frühjahr im Stalle waren, zum Durchfressen des Strohes, nachdem er Wasser zum Tränken dazwischen gestellt hatte. Wasser holen mußte er auch für die Pferde und in den Steintrog kippen. Das alles ging im Laufen, damit er nach dem Mittag auch rechtzeitig für die andere Arbeit fertig war.

Die Abend- oder Abarbeit des Kleinknechtes bestand darin, daß er die Schafe abfütterte und den Stall verschloß. Darauf mußte er Stroh, Heu und Spreu für das Vieh für den nächsten Tag aus der Scheune hereinholen und auch ein paar Bunde Sommerstroh zum Abfüttern den Kühen vorgeben.

Rechts und links neben der Schneidekammer waren zwei Ställe für je drei Pferde, die darin lose gingen. Für diese mußte der Kleinknecht auch das Wasser holen. Die Wassereimer waren aus Eichenstäben vom Böttcher gefertigt und mit Eisenbändern beschlagen. 16 bis 18 dieser schweren, mit Wasser gefüllten Eimer mußte er aus dem offenen Brunnen aus einer Tiefe von 4–5 m heraufwinden. Gewöhnlich führte der Weg mit dem Wasser über die vor dem Haus gelegene Miste. Obwohl er diese Arbeit im Laufen verrichtete, wurde er vor dem Abendessen nicht fertig und hatte nach dem Essen, bevor er an das Kuhfutterschneiden ging, noch einige Eimer Wasser zu tragen. An windstillen Abenden hörte man, wenn man vor die Tür ging, das Gequäke mehrerer Brunnen in den verschiedensten Tönen. Die Zapfen der Welle wurden ebenfalls wie die der Walzen und Pflüge nicht geölt. Kam der Kleinknecht nach Feierabend so zwischen acht und neun Uhr in der Stube neben dem Ofen so sitzen, so dauerte es nicht lange, und er fing an zu schnarchen. Zum Abfüttern der Pferde, so gegen zehn Uhr, mußte er dann geweckt werden.

Der Kleinknecht war der Sündenbock auf dem Hofe, denn nicht nur der Herr, sondern auch der Großknecht hatte ihm zu befehlen. War beim Fahren mal etwas in Unordnung oder passierte hier und da mal ein Malheur, so hatte der Junge schuld, obwohl er in manchen Fällen unschuldig war.

Auf unserem Hofe lag der Brunnen im Winkel unmittelbar neben der Küche und dem Pferdestall. Ein Trogende ging aus der Schneidekammer nach außen, und so konnte das Wasser gleich in diesen Trog gegeben werden und lief dann in den Wasserstein in der Schneidekammer. Diese günstige Lage des Brunnens hatte zur Folge, daß beim Wechsel des Kleinknechtes diese immer reichlich angeboten wurden, da deren Eltern wußten, daß ihr Kind der schweren Belastung des Wassertragens enthoben war.

Die Eltern waren froh, wenn der Junge 16 Jahre alt war und dann als Kleinknecht auf einen Bauernhof vermietet werden konnte. Bis gegen 1860 gab es in deutschen Landen neben der Flachsindustrie keine weitere Möglichkeit, als in der Landwirtschaft Geld zu verdienen.

Um während der Erntezeit des nächsten Jahres einen Vorrat an Pferdefutter zu haben, wurde, nachdem alles eingebracht war, das war gewöhnlich Martini (11. November) der Fall, der Hackhafer geschnitten. Das war eine der wichtigsten Arbeiten des Jahres. Über der Schneidekammer und den beiden links und rechts daneben liegenden Pferdeställen war ein 2 m hoher Raum von etwa 38 m^2

Fläche, also 76 m³ Inhalt. Hierin wurde der Hackhafer gelagert.

Zunächst wurde über der Scheunendiele etwa in der Mitte quer eine Leine in einer Höhe von 2½ m stramm gespannt. Diese Leine gab die Höhe des täglich zu schneidenden Futterhaufens an, und sie diente auch zum Anhängen der Laterne. Auf Höfen mit sechs Pferden hatten vier Mann vier Tage zu schneiden. Zu beiden Seiten der Leine standen je zwei Schneidladen im Abstand von 1 m mit der Schnittfläche zur Mitte. Haferbunde, Schöbe genannt, sowie Wicken und Kloppen, nämlich zu zwei Dritteln aus gedroschenem Roggenstroh, sowie auch noch ein gewisses Quantum Haferstroh lagen neben den Schneidern. Außerdem lag oben und unten je eine Schippe zum Aufschaufeln des Futters. Diese Arbeit verrichteten der Großknecht sowie ein Knecht aus der Nachbarschaft für sogenannte Wiederhilfe und zwei Tagelöhner mit ihren Laden. Die Laden der Tagelöhner waren oft mehr als 100 Jahre alt, aus Eichenholz gefertigt, vom Rauche geschwärzt und vom Großvater auf den Vater und Sohn vererbt.

Die Knechte hatten schon acht Tage vorher ihr tägliches Futter für diese vier Tage auf Vorrat zu schneiden. Dafür gab der Herr Säcke heraus. Die Tage des Hackfutterschneidens wurden so eingerichtet, daß ein Sonntag dazwischen lag. Für diese Tage wurde auch ein Schaf geschlachtet und laufend vom Gerstenmalz gebraut.

Die vier Mann fingen nachts um zwölf Uhr an und wurden dazu vom Nachtwächter geweckt. Nachmittags, so gegen vier Uhr, kamen der Kleinknecht, die beiden Mägde und noch zwei Tagelöhnerfrauen oder Kinder zum Futtertragen. Das Futter wurde in Säcke geschaufelt und dann in die Futterböhne getragen. Dort wurde es Schicht auf Schicht hochgeschaufelt und festgetreten. Die Schneider wurden dabei nicht gestört. Diese mußten zwischendurch ihre Lademesser wetzen, was sie abwechslnd machten, denn es gab nur einen feststehenden Wetzstein auf dem Hofe. Einen Schleifstein kannte man damals noch nicht.

Am letzten Tag war das Futtertragen am schwierigsten, denn der Raum mußte bis unter die Decke gefüllt und festgetreten werden. Das Futtertrampeln, so wurde es genannt, machten wir Jungen mit den Tagelöhnerkindern. Die Tagelöhner erhielten für einen Tag Futterschneiden neben Essen 65 Pfennige. Diejenigen, die zum Auftragen des Futters kamen, aßen auch mit zu Abend.

Das Hackhaferschneiden war bis über die Hälfte des vorigen Jahrhunderts üblich. Mein Vater war der erste, der es änderte. Er ließ es im Frühjahr, wenn alles ausgedroschen war, schneiden. Über der Futterböhne wurden ein oder zwei Dielen aufgenommen und die Schneideladen daneben aufgestellt, so daß das Futter sogleich in die Böhne fiel. Später beim Füttern wurde der Hafer, es wurde auch schon mehr zugeteilt, dazugemischt. Man nannte das damals das Reinfüttern. Ich schnitt zu der Zeit zusammen mit zwei Tagelöhnern. Wir fingen auch erst um drei Uhr früh an.

Bei dem alten Verfahren, bei dem der nicht ausgedroschene Hafer von Martini bis zur Ernte auf der Futterböhne lag, kam auch viel um. Die Mäuse, die in den Lehmwänden hausten, holten sich ihren Teil. Außerdem kamen aus den unter der Böhne liegenden Ställen die feuchten Dünste und verdarben einen Teil des Futters.

Bis so um 1880 wurde das Schneiden des Futters für Pferde und Kühe auf der Schneidelade vor Tage streng beibehalten. Dann kamen die Schneidemaschinen auf. Die ersten mit einer Handkurbel und später solche, die durch den Göpel (Drehvorrichtung) angetrieben wurden. So ab 1860 konnte man schon die handbetriebenen Schneidemaschinen auf Landwirtschaftsausstellungen sehen. Ein Schlosser in der Steiermark soll sie 1840 erfunden haben. Sie wurden hier für 120 Mark angeboten.

Die zweispännige Göpelschneidemaschine ließ ich 1885 in Osterbrak machen. Sie kostete 340 Mark. Als ich von der Zweckmäßigkeit des Göpeltriebwerkes überzeugt war, ließ ich mir auch eine Kreissäge bauen, mit der das Brennholz geschnitten wurde.

Es hat immer lange gedauert, bis sich die Leute im Dorf von dem Althergebrachten trennen konnten. Gegenwärtig – 1901 – trifft man wohl kein Gehöft mehr an, auf dem nicht schon eine Schneidemaschine vorhanden ist. Das hat sich doch als eine große Wohltat erwiesen.

Das Dreschen des Getreides bis 1890

Bis etwa 1850 wurden die damals hier geernteten Früchte, wie Roggen, Weizen, Gerste, Hafer, Wicken, Weißerbsen und Linsen, mit dem Flegel gedroschen. Raps und kleine Wintersaat wurden mit Pferden ausgeritten.

Weizen und Roggen wurden zu achten gedroschen. Das hatte den Vorteil, daß bei diesem Takt die schwere Arbeit erleichtert wurde.

Außerdem wurde das angelegte Getreide in laufend erhebender und erschütternder Bewegung gehalten, und die Körner fielen so leichter und besser aus.

In älteren Zeiten wurde nur halbe Tage gedroschen. Punkt elf Uhr, die Betglocke gab den Ausschlag, wurde angefangen. Dann ging es drauf und drauf. Gesprochen wurde kein Wort. Die Frau des Hauses mußte, wenn keine größeren Kinder da waren, neben ihrer Hausarbeit die Lagen umwenden. Gewöhnlich wurden auf der 23 m langen Scheunendiele 16 Lagen gedroschen, acht vor der Vesper und acht danach. Nach jeder Lage wurde das Abfallstroh, das sogenannte Ort, abgedroschen und das Roggenkorn an die Seite geschoben und darauf die neue Lage angelegt.

Zur Vesperzeit kamen Brot und Butter auf die Mitte der Lage, und alle lagerten sich drum herum. Während der Vesper wurde zweimal ein kleiner Schnaps eingeschenkt. Beim Dreschen ging man langsam, Fuß vor Fuß setzend, voran.

Nach der Separation 1847 hörte der allgemeine Weidegang auf, und die Stallfütterung wurde eingeführt. Dadurch bedingt wurde mehr Klee angebaut, und es gab auch mehr Mist. Als Folge davon stiegen die Erträge. Jetzt reichte es auch nicht mehr, einen halben Tag zu dreschen, es wurden zwei halbe Tage angesetzt.

In der Zeit so ab 1860 wurde schon von Dreschmaschinen gesprochen. 1863 kam ein Unternehmer aus Hameln mit einer Dreschmaschine aus England, die von einer Dampfmaschine angetrieben wurde, erstmals nach Hajen. Drei Leute waren dabei. Der Heizer hatte die Leitung. Der Bauer mußte für die übrige Bedienung sowie die Verpflegung sorgen und er mußte auch die Kohlen beschaffen. Eine Stunde kostete sechs Mark. In den nächsten Jahren fanden sich in unserer Gegend noch andere Unternehmer, und die Kosten pro Stunde sanken auf vier Mark. Auf den Gütern wurde das Getreide von den Leuten aus dem Dorf gegen den 16ten Himten gedroschen. Ab 1870 ließen auch die Güter ihr Getreide durch die Dreschmaschine dreschen. Kleinere Betriebe konnten ihr Getreide zu stationären Dreschplätzen fahren und dort dreschen lassen. Das ging gleich vom Wagen aus.

Wir ließen vorzugsweise Weizen und Gerste durch eine Dampfdreschmaschine ausdreschen. Beim Roggen gab es beim Einstellen des Dreschkorbes Schwierigkeiten. Der wurde auch weiterhin mit dem Flegel gedroschen.

Im Jahre 1893 kaufte ich von der Firma Niebaum und Gutenberg, Herford, eine vierspännige Göpeldreschmaschine. Die Kosten betrugen 1 100 Mark und 400 Mark für

Die Lokomobile war ein enormer Fortschritt auf dem Wege der Technisierung.

den Göpelschuppen. An dieser Maschine habe ich viel Freude gehabt.

Die Ernten wurden immer besser. Ich hatte beide Scheunen voll gebanst (aufgeschichtet) und außerdem noch zwei Diemen (Getreidehaufen) im Felde. Die Dreschmaschinen kamen zur rechten Zeit. Bei den guten Ernten und dem schon etwas lässigeren Dreschen mit dem Flegel blieb doch eine Menge Korn im Stroh. Hinzu kam, daß auch die Pferde im Winter Arbeit hatten.

Rückblickend muß ich sagen, daß es doch in vielen Dingen auf den Bauernhöfen besser und leichter geworden ist. Ich denke mit Schaudern an die Zeit zurück, als die Erträge anfingen zu steigen und wir im Winter tagelang mit dem Flegel dreschen mußten. Ich war dabei immer der erste und der letzte.

Weitere Erleichterungen

Auf fast allen Höfen sind heutzutage die Windebrunnen beseitigt und haben den Wasserpumpen Platz gemacht. Die erste Pumpe im Dorf hatte mein Vater. Das war 1854. Er legte auch gleich Wasserleitungen in die Viehställe.

1895 wurde in Börrye die erste Genossenschaftsmolkerei gebaut. Das bedeutete eine große Entlastung für die Hausfrauen von der beschwerlichen Verarbeitung der Milch und Butter.

Auch das Brotbacken hörte mit dem Jahre 1895 auf. Seitdem wird ein gewisses Quantum Roggen an den Bäcker geliefert, und dieser bringt nun wöchentlich das Brot ins Haus.

Wenn man sich die letzten Seiten vergegenwärtigt, so muß man sagen, daß den Menschen auf dem Dorfe doch wirklich viel zugemutet wurde. Es bestand auch kein Unterschied, ob Knecht oder Sohn, ob Magd oder Tochter. Waren die Kinder soweit herangewachsen, dann mußten sie Knecht- oder Magdstelle auf dem Hof einnehmen. Es aßen auch alle im Haus zur gleichen Zeit und an einem Tisch.

Es bahnte sich aber eine Wendung an. Bei der Revolution 1848 war schon ein sozialer Geist durch das deutsche Volk gefahren mit der Parole Gleichheit und Freiheit. Wer von den jungen Männern keine Kokarde, die für einen Groschen erhältlich war, mit den Farben Schwarz, Rot und Gelb vor der Mütze trug, war kein Deutscher!

Viele Forderungen wurden Wirklichkeit, wie Gewerbefreiheit, Vereinsrecht, Prozeß- und Redefreiheit, und vor allem wurde die Freizügigkeit zum Gesetz erhoben.

Deutschland blieb nicht mehr das sogenannte Aschenbrödel. Eisenbahnen, Straßen und Fabriken schossen aus dem Boden. Damit verbunden war auch eine Vergrößerung der Städte. Die Landflucht nach den größeren Städten mit ihren Fabriken nahm zu.

Nach dem Sieg über Frankreich 1871 kam die Einigung Deutschlands zu einem Reiche. Die als Kriegsentschädigung von Frankreich gezahlten fünf Milliarden an Deutschland wurden an die einzelnen Staaten verteilt. Die Industrie kam dadurch zu einer solchen Blüte, daß auch die Löhne der Arbeiter rapide stiegen. Sozialdemokratische Versammlungen wurden abgehalten, und ein sozialer Geist durchzog das Volk. Ganze Familien zogen in die Großstädte, wo sie sogleich lohnende Arbeit fanden.

Der Höhepunkt der Landflucht

In den siebziger Jahren hatte die Landflucht wohl ihren Höhepunkt erreicht. Mir sind zweimal 17- und 18jährige Jünglinge, die ich angelernt hatte, heimlich, Reste vom

Lohn im Stich lassend, nach Braunschweig ausgerückt. Nach einiger Zeit kamen sie auf die Weihnachtsfeiertage in städtischen Anzügen mit Hut und Schirm zurück und stolzierten im Dorfe umher, um alles, was noch frei war, mit wegzulocken. Sie erdreisteten sich sogar, mir am zweiten Feiertage mittags einen Besuch abzustatten, um ihre Lohnreste in Empfang zu nehmen. Das hat mich aber dermaßen aufgebracht, daß ich von meinem Hausrecht Gebrauch machte und beide stürzend das Haus verließen. Ich hatte doch den größten Schaden durch ihr unzeitiges Verlassen des Dienstes.

Die Eltern auf dem Dorfe, die vor Jahren noch froh waren, wenn Sohn oder Tochter in der Landwirtschaft Stellung fanden, schickten ihre Kinder nun in die Städte, in die Fabriken oder ließen sie das Maurerhandwerk lernen.

Aber auch in der Landwirtschaft gab es so nach und nach eine Veränderung. Das erste, was aufhörte, war das Dreschen ab zwölf Uhr Mitternacht. Auch nach dem Abendessen wurde, abgesehen vom Füttern, nicht mehr gearbeitet. Früher wurden normalerweise 15 Stunden gearbeitet, die Mägde im Sommer sogar noch länger. Wenn der Hirt um drei Uhr früh mit dem Vieh nach dem Anger zog, dann hatten sie schon die Kühe gemolken.

Die Folgen der Landflucht wurden gemildert durch junge Leute, die aus Polen und Ostpreußen durch die Arbeiternachweisstellen nach dem Westen vermittelt wurden. Seit etwa zwei Jahrzehnten kann man diese Hilfen bekommen. Oftmals bekommt man aber für unser Fach unerfahrene Leute, auch sind etliche dem Branntwein im Übermaß zugetan. Es sind aber auch brauchbare Leute darunter, und einzelne sind sogar seßhaft geworden. Hätten wir diese Hilfen nicht gehabt, so wäre die Landwirtschaft wegen der seit 25 Jahren herrschenden niedrigen Getreidepreise trotz ihres intensiven Fortschritts und der gesteigerten Ernteerträge ins Stocken geraten. Hiesige Knechte, die seit ihrer Konfirmation schon in der Landwirtschaft gearbeitet haben, sind kaum noch zu haben. Es wird sicher noch länger dauern, bis sich die jungen Leute der Landwirtschaft wieder mehr zuwenden.

Doch blicken wir noch einmal zurück. Früher mußten die Knechte gewöhnlich so bis zu ihrem 34. Lebensjahr arbeiten, um so viel zurückzulegen, daß sie heiraten konnten. Hierzu brauchten sie auch bis 1850 die Genehmigung von der Gemeinde. Voraussetzung war, daß sie regelmäßig zur Kirche gingen. Die Knechte mußten auch ihre Strümpfe stopfen und ihre Hose selbst flicken. Ein Flicken kam auf den anderen. Ihre Eltern hatten keine Zeit dazu.

Wenn die Eltern, meist Tagelöhner, nicht auf dem Hof arbeiteten, so wurde Flachs zubereitet und zum Verkauf gesponnen. die Mägde bekamen jährlich einen Himten Lein mitgesät. Falls ihre Eltern nicht zu viel davon beanspruchten, dann hatten sie für ihren Ehestand genügend davon gespart. An den Sonntagnachmittagen spannen sie sich das Garn für ihre Kleider, die früher für ihre ganze Lebenszeit halten sollten.

Die Tanzvergnügen

Freizeit gab es nur sehr wenig. Im Winter an Sonntagnachmittagen trafen sich die Knechte in einer Schneidekammer, im Sommer auf einer Scheunendiele. Dabei wurden allerlei Dönekens gemacht. Es wurde auch überlegt, ob jeder einen Dreier oder einen Sechser, also drei oder sechs Pfennige, schmeißen wollte. Dafür wurde dann aus dem Kruge Schluck geholt. Das waren für die Knechte besonders vergnügte Stunden.

Das Hauptvergnügen für die jungen Leute im Dorfe war die drei- oder viermal im Jahr veranstaltete Krugmusik.

Jeder machte dabei mit, ob Knecht oder Sohn, ob Magd oder Tochter. Auf der Krugdeele, die mit unebenen Steinplatten belegt oder auch gepflastert war, wurde getanzt, daß die Funken aus den Steinen stoben. Die Männer hatten schwere, aus Rindleder gemachte Stiefel, die mit Eisen und Nägeln beschlagen waren. Hose und Kittel waren leichter. Das Tanzen lernten die jungen Leute auf den Spinnstubenabend-Versammlungen.

Die Musik bestand gewöhnlich aus fünf Mann: zwei Geigen, einer Flöte, einer Klarinette und einem Baß. Auf der Deele stand für die Tänzerinnen noch kein Stuhl und auch keine Bank. Die Schenke war in der Krugstube. Auf einem Tisch standen eine große Kruke mit Braunbier und eine kleinere Flasche mit Branntwein. Zigarren, Kognak, Rum, auch Lagerbier waren damals noch unbekannte Dinge. Es wurden Walzer, Berlinisch, Schottisch, Rheinländer sowie Hopser, auch Polka genannt, getanzt. Jeder Tanz mußte bezahlt werden. Während des Tanzes ging einer der Musiker herum und sammelte auf dem offenen Notenbuche von jedem Tänzer einen Gutengroschen (12 Pfennige). Der Sparsamkeit wegen konnte natürlich nicht jeder Tanz mitgemacht werden. Die Nichttänzer gingen in die Krugstube. Der Schluck wurde aus dem Spitzglas der Reihe nach getrunken. Das Bezahlen machte einer. Ein Glas kostete acht Pfennige. Die Kinder bekamen Weißbrot, Stuten genannt.

Die jungen Tänzerinnen verzichteten auf alles. Sie standen in einer Ecke der Deele und gingen nicht von der Tanzfläche. Diejenigen, die sicher waren, daß sie hergekriegt wurden, drückten sich nach hinten, während diejenigen, die unsicher waren, vorn standen.

Das Tanzvergnügen dauerte von Sonntagnachmittag drei Uhr bis vier Uhr früh mit Ausnahme der Abendzeit. Dann ging alles nach Haus zum Füttern und zum Abendessen.

Zweimal gab es einen Gratistanz von der Musik. Dann war aber auch alles auf der Tanzfläche. Selbst die älteren Frauen aus dem Orte, die als sogenannte Zuseher auf der einen Seite der Deele Front bildeten und teils vor Mitternacht nicht von ihrem Platze wichen, wurden hergekriegt.

Getanzt wurde damals auch häufig in Spinngesellschaften an Winterabenden auf der Deele, im Sommer an schönen Sonntagabenden hier vor dem Hause auf dem Rasen des kahl geweideten Angers. Alle jungen Leute des Ortes beteiligten sich daran, und die Mädchen sangen dazu die lustigsten Weisen.

Die oben beschriebene Krugmusik kam für Männer auf 1 Mark und 20 Pfennige bis 1 Mark 50. Ich selbst erhielt für ein solches Fest von meinen Eltern einen halben Thaler = 1 Mark 50. Die Mädchen waren frei.

An Stelle der Krugmusik, die im Winter ausfiel, wurde hierzulande, namentlich in kleinen Orten, ein sogenanntes Fastabendbier von den jungen Leuten gemeinschaftlich veranstaltet. In einem Kötnerhaus, dessen Lehmboden nicht so bucklig war und der auch nicht zu viele Kuhlen hatte, bat man den Besitzer um Freigabe desselben auf einen Sonn- und Montag vor dem Fasten mit Benutzung der Stube und einer kleinen Kammer neben der Deele. In der Kammer wurden Bier und Schluck ausgeschenkt. Die Musikanten wurden bedungen und hatten von Sonntagnachmittag drei Uhr das Ihrige zu leisten. Bevor der Tanz begann, wurde ein Umzug zu Pferde durch den Ort gemacht, vorweg die Musik: Auch die Trommel durfte nicht fehlen. Alle Knechte, Söhne und Kleinknechte ritten auf ihren Pferden. Auch die Leineweber, Schneider und Schuhmacher liehen sich ein Pferd aus und ritten mit.

Beim Tanzen hieß es sprichwörtlich: Am Pferdestall herauf, am Kuhstall herunter, beim Wassersteine ist die Schenke. Solch ein Fest war ein besonderes Vergnügen für

Jung und Alt, denn jeder konnte trinken und tanzen, soviel er wollte. Am Sonntag darauf wurde abgerechnet. Es wurden immer vorher zwei Mann gewählt, die von Anfang an bis zum Ende für alles zu sorgen hatten und auch Rechnung über alles vorlegen mußten. Zur Verbilligung des Ganzen wurden auch gern Gäste aus Hehlen und anderen Orten gesehen. Auch die Tänzerinnen gaben 25 bis 30 Pfennige Eintritt.

Bei der Abrechnung war auch immer noch etwas Schluck über. Das Bier hielt sich nur einige Tage. Selten betrugen die Kosten pro Mann mehr als einen Thaler, mitunter auch nur 27 Groschen.

In der letzten Hälfte des vorigen Jahrhunderts bauten die meisten Wirte auf den Dörfern einen Saal. Sie luden dann im Winter die bemittelten Familien ein, auch solche aus dem Nachbarort. Zu einem solchen Gelage erschienen die Männer im Festtagsanzug und die Frauen und Töchter im Ballkleide. Es wurde auch in den Pausen Wein getrunken.

In größeren Ortschaften gibt es jetzt einen Sängerball, einen Kriegerball, einen Feuerwehrball und einen Welfenball.

Einiges über die Verkehrsgelegenheit

Die drei Straßen quer durchs Dorf der Weser zu lagen noch bis über die Mitte des vorigen Jahrhunderts sehr tief, waren morastig, einspurig und mit Schlaglöchern behaftet und daher nur für Gespanne passierbar. Jährlich wurde der angesammelte Kot meistbietend an die Interessenten verkauft.

Die Passage für Fußgänger der Flößenfähre, die bis 1864 noch über den gräflichen Gutshof führte, ging über unser

Geburtshaus von Friedrich Gerling in Daspe.

Gehöft. Seit 28 Jahren führt die Fähre in Verlängerung der Mittelstraße, wo vorher schon die Handfähre war, über die Weser. Bevor die tiefgründige Mittelstraße aufgefüllt wurde, führte die Passage der Fußgänger über das Grundstück Nr. 5.

Der untere Weg vorm Anger war ebenfalls sehr schmal und war zu beiden Seiten mit hohen Hecken begrenzt, die oben zusammengewachsen waren. Dieser Weg war nur selten für Fußgänger passierbar, denn er diente mehr als Wasser- und Abflußgraben. Auch die Wege durch das Dorf waren genauso grundlos. Außer den beiden Fußgängerpassagen über die Gehöfte Nr. 18 und 5 gingen noch Fußwege quer durch die Obstgärten, um einigermaßen trockenen Fußes von einem Hof zum anderen zu gelangen. Die Abgrenzungen der einzelnen Höfe bestanden aus Zäunen. Da wo sich die Pferdewege trafen, wurde ein sogenannter Stiegel hergerichtet. Ein meterlanges Brett wurde in einem halben Meter Höhe durch den Zaun geschoben und auf an beiden Seiten des Zaunes eingeschlagene Pfähle genagelt. Dies war für den ersten Stieg. Der zweite Stieg war etwa einen halben Meter höher über der Verflechtung des Zaunes. Beim Passieren des Stieges faßte man die Zaunpfähle, die an beiden Seiten handlich standen, an und kam so mit Leichtigkeit darüber.

Die Gärten im Dorf hatten sich durch das öfter vorkommende Hochwasser aufgelandet. Die Hofräume dagegen lagen tiefer. Sie wurden durch das Schrappen und Säubern immer tiefer und lagen etwa in Höhe der Dorfstraßen. Ich erinnere mich noch an meine Jugendzeit. Da standen fünf alte Häuser und vier Scheunen, die inzwischen abgerissen sind, noch tiefer. Sie hatten dem übrigen Terrain gegenüber eine versunkene Lage. Danach muß die Ortslage vor Jahrhunderten sehr niedrig gewesen sein.

Gleich nach der Separation der Feldmark 1847 wurden die Wege nach Hajen, Frenke und Heyen von der Fähre aus durch den Ort durch Aufschütten von Kummer aus dem Weinbergsbruche höher gebracht. Anschließend wurden auch die übrigen Wege hier im Ort durch Hergabe von Boden höher und breiter gemacht. Zum Teil freiwillig, wie z. B. bei der unteren Straße vorm Anger, zum Teil gegen Entschädigung. Auch die Hofräume wurden mit Kummer aufgefüllt und planiert. So ist doch die niedrigste Fläche auf unserem Hof an die 2 m höher gebracht.

Die Ortslage, Höfe, Gärten und Straßen kamen nun in eine ziemlich gleiche Höhe. Wer jetzt noch baute, brachte das Fundament noch höher, um auch den außergewöhnlichsten Hochwasserständen zu trotzen.

Die Verkehrswege in der Umgebung

Die Staatsstraße von Hameln nach Hannover soll 1818, bald nach dem sogenannten Waterlookriege, gebaut worden sein. Die Straße ist breit genug, aber sie führt über alle Hügel und durch alle Senkungen.

1847 wurde die Straße nach Polle gebaut. Sie zweigte in Halle von der sogenannten Heerstraße ab, führte über Bodenwerder, die Schiffsbrücke, unter dem Hopfenberg und Mühlenberg bis zur Poller Fähre. Die Weiterführung über Heinsen und Stade nach Holzminden wurde später gebaut. Vordem lief nur ein Fußpfad am Ufer der Weser entlang, der aber nur bei normalem Wasser zu benutzen war.

In der Zeit bis 1880 wurden auch die Straßen Hameln–Ohr–Grohnde–Hehlen–Bodenwerder und Hameln–Hagenohsen – Latferde – Hajen – Daspe – Hehlen – Bröckeln–Hohe bis Steinmühle gebaut, auch die Verbindungen über Ernestinental nach Ottenstein sowie von Ottenstein nach Hehlen. Als Staatsstraße wurde in dieser Zeit ebenfalls die Verbindung von Lauenstein über den Lauensteiner und Bessinger Berg nach Pyrmont gebaut.

Unser Braunschweiger Land ist derzeit in einer günstigen Finanzlage. So sind bis zum Ende des neunzehnten Jahrhunderts alle Ortschaften durch chaussierte Wege miteinander in Verbindung gebracht. Die einzelnen Gemeinden brauchten nur noch die Nebenwege in den Ortschaften zu bauen.

1875, zu meiner Zeit als Gemeindevorsteher, erhielt ich eine Auflage, für die sogenannten Communikationswege von Daspe nach Hajen und von Daspe nach Heyen Steine anzufahren, damit sie befestigt werden konnten. Zu dieser Zeit wurden auch in jedem Kreis ein Wegebaumeister, für mehrere Bezirke Bauverwalter und zu jeder Wegstrecke ein Wegewärter staatlicherseits angestellt. Alle Wege und Straßen im braunschweigischen Lande wurden vom Staate ausgebaut und unterhalten. Die Gemeinden wurden durch Wegebausteuern an den Kosten beteiligt. Diese Steuer wurde zweimal im Jahre erhoben und mit den übrigen Steuern an die Kreiscommunal-Kasse eingeschickt.

Die in nächster Nähe befindlichen Wege der preußischen Provinz Hannover waren vor zwei Jahrzehnten noch in einem argen, schlechten Zustand. Sie sind erst in den letzten zehn Jahren fein und korrekt gebaut und sogar mit Obstbäumen bepflanzt worden. Der Ausbau der Straßen, Wege und Brücken hat sich doch als eine wahre Wohltat für den Verkehr erwiesen.

Um auf die Felder zu gelangen, führten aus dem Ort tiefe, ausgefahrene einspurige Wege, die zu beiden Seiten mit Hecken fast überwachsen waren. In der Ernte war es für die Fuhrleute eine Kalamität wegen des Festfahrens. Vor der Einfahrt gab der Fuhrmann ein Signal durch Klappen mit der Peitsche. Diese Peitschen waren aus einem jungen Eichenstiel, mit Leder überzogen, und sie hatten einen langen Lederschlung. Sie hatten einen lauten, weithin hörbaren Knall. Wurde dieses Signal nicht erwidert, konnte dreist hineingefahren werden. Anderenfalls wurde so lange gehalten, bis der Tunnel frei war.

Bis zur Mitte des vorigen Jahrhunderts führten die Verbindungen von einem Ort zum anderen über tiefgründige, einspurige Wege. Für die Fußgänger liefen Pfade nebenher. An sumpfigen Stellen, die nur selten mit Fuhrwerken passierbar waren, gab es zur Aushilfe Pferde, die auch zum Lastentragen gebraucht wurden. Pferde wurden sehr viel zum Reiten benutzt. In älteren Zeiten sind hierzulande auch die Frauen zu den entfernt wohnenden Ihrigen geritten.

Die Poststraße zwischen Hameln und Bodenwerder führte über Daspe. Zweimal in der Woche ging die Postfuhre. Sie konnte aber nur passieren unter Beigabe eines Schirrmeisters, der wegen der Gefahr des Umschlagens nebenher ging. Wo der Weg besser war, fuhr er mit auf dem Wagen. Passagiere sah man nur selten. Von Bodenwerder, Kemnade, Hehlen kommend, passierte die Straße die Weser, lief durch den Ort und zwischen den Gehöften Nr. 1 und 2 in Richtung über den Fahrenbrink, durch Hajen nach der Ilsemühle unter dem Ilseberg lang durch Latferde. Dort machte sie eine starke Kurve zur Weser und führte durch die Marsch über Hagenohsen und Tündern in die Hamelner Bäckerstraße.

Diese Poststraße nach Hameln, die ja nicht die schlechteste war, hatte doch noch große Mängel. Roggen und Gerste wurden auf dieser Straße auf schweren und starken Wagen mit vier Pferden nach Hameln gebracht. Ersterer zu den Bäckereien und letztere zu den Brauereien. 36 Himten Roggen oder 60 Himten Gerste wurden so transportiert. Das waren 18–20 Ztr. Fünf Stunden dauerte ein Weg. Auch auf dem Rückweg mit dem leeren Wagen konnte man nur Schritt fahren. Solche Reise war ein Ereignis, und es wurde vorher und nachher viel darüber gesprochen. Unter dem Ilseberg und auch in der Latferder Marsch war der Weg äußerst schlecht, und der Wagen flog von dem einen Schlagloch in das andere. Seit zwei Jahrzehnten fährt ein Mann zweispännig auf den neuen Straßen mit 50 Zentnern nach Hameln, und es ist nichts Besonderes dabei.

Der Fußweg oder Pattweg ging über Frenke quer durch die hochüppige und tieffurchige Gemarkung nach Latferde. Über den Latferder Berg, Hastenbeck, Rohrsen und mündete in der Osterstraße in Hameln.

Mit dem Fuhrwerk nach Holzminden zu gelangen, war vor 50 Jahren noch beschwerlich. Es ging über Halle, Eschershausen, Stadtoldendorf oder Kloster Amelungsborn. Das war auch die Poststraße Bodenwerder–Holzminden.

In Holzminden waren die Kreisdirektion und das Obergericht. Landtagswahlen, Generalmusterung und gerichtliche Termine fanden dort statt. So kam es häufiger vor, daß die Kreiseingesessenen nach dort mußten. Meistens wurde die Reise zu Fuß gemacht.

Der Fußpfad führte von hier über Hehlen nach Hohe, vom Hohergrund über den Mühlenberg nach Grave. Dort ging es mit der Handfähre über die Weser, von Reileifzen über den Reileifzer Berg nach Forst. Von dort konnte man je nach den Wasserständen der Weser durch die Gemarkungen Forst und Allersheim in die Stadt kommen.

Nach den Hochwassern von 1841 und 1845 wurde ab Forst ein Damm gebaut, der für Fußgänger frei war. Diese Wegstrecke war dann wenigstens gerade und eben, wogegen die andere Hälfte des Pfades schlüpfrig und hügelig war und über Berge, durch Täler sich in Bögen und im Zickzack hin und her zog. Ich habe diese Tour so manches Mal gemacht. Schon in meiner frühen Jugend hieß es, wenn jeder Passant nur eine Handvoll Erde vom Reileifzer

Berge mit ins Tal genommen hätte, dann wäre er nicht mehr so hoch. Wenn jemand, der diesen Weg an einem Tage hin und zurück gemacht hatte, über Schmerzen in den Beinen klagte, so sagte man: Da steckt der Reileifzer Berg drin.

Wegen der schlechten Beschaffenheit der Wege waren damals Schiebekarren und kleine Handwagen noch unbekannte Geräte. Dafür hatten die Mädchen und Frauen eine bewunderungswürdige balancierende Fertigkeit beim Lastentragen auf dem Kopf. Kleebunde oder Kartoffeln, Rüben und Gemüse aus dem Garten wurden stets auf dem Kopf transportiert, nachdem eine Schürze auf das Haupt gelegt worden war. Feste Teile wie Eimer, Körbe und Kisten wurden auf einem Kranz, der auf die Mitte des Kopfes gelegt wurde, getragen. Ein solcher Kranz war in jedem Haus. Er hatte etwa 30 cm Durchmesser, war etwa 7 cm dick und hatte in der Mitte eine etwas hohle Form mit kleiner Öffnung. Der Rand bestand aus lauter kleinen, bunten Tuchflecken in den Farben Rot, Gelb, Blau, Grün und Schwarz. Gefüllt wurde dieser Kranz mit Sägemehl oder mit grober Kleie.

Die Frauen lernten dieses lancierte Kopftragen schon als junge Mädchen. Sie gingen jeden Vormittag so gegen ½11 Uhr einzeln zum Melken zum Anger. Auf dem Kopf trugen sie dann den weiß gescheuerten Holzeimer, der mit blank geputzten breiten Messingbändern versehen war und einen ebenfalls weiß gescheuerten Deckel mit einem schwarz polierten Knopf hatte. Nach dem Melken kamen sie dann gemeinschaftlich in einer Reihe wieder heim. Es war eine Freude anzusehen, wenn die Mägde in ihren kurzen Rökken mit den geputzten Eimern auf den bunten Kränzen auf dem Kopf, die Hände in die Seiten gestemmt, anmutig daherkamen.

Es war damals auch üblich, daß die Mägde Klee als Nebenfutter für die Kühe aus dem Felde holten. Der Klee wurde mit Seilen in drei Bündeln zusammengefaßt. Oben drauf hing die Sense. Diese Bunde wurden nicht quer, sondern lang auf dem Kopf getragen. Ich entsinne mich noch als Knabe, wie die Mägde mit diesen Bündeln aus der Frenker Straße ins Dorf kamen. In der Straße, zwischen den Wagenspuren, waren für die Fußgänger klotzige Steine schrittweise gelegt, damit sie nicht im Kot gehen mußten. Die Mägde sprangen dann geschickt von einem Stein auf den anderen.

In der Ernte wurde die Vesper in einem großen, aus weißen Reisern geflochtenen Korbe auf dem Kopf ins Feld getragen. Mit dem damals gebräuchlichen Geschirr aus gebrannter Tonerde hatte der Korb ein beachtliches Gewicht. In manchen Orten war es sogar üblich, dieses Lastentragen beim Mieten der Mägde zur Bedingung zu machen.

In Tündern z. B. mußten die Mägde das Mehl und Schrotekorn zur Emmermühle tragen. Die Emmermühle war für gewisse Ortschaften eine sogenannte Zwangsmühle. Es wurden mindestens zwei Himten Mehlkorn auf den breiten Himten gehäuft. Die Kopfbelastung lag dann nicht unter einem Zentner.

Die Weiblichkeit muß wohl ihres Wuchses wegen zu der Kunst, auf dem Kopf mit bewundernswürdiger Balancierung Lasten zu tragen, besonders veranlagt sein. Ich habe nie gesehen, daß Männer etwas auf dem Kopf trugen.

Es kam häufig vor, daß Lasten über das Feld getragen wurden, wie zur Öl- und zur Mahlmühle. Die Säcke wurden dann in die Quere gebunden. Kniend wurde der Kopf durch die Schürzung geschoben, und die Last ruhte dann auf beiden Schultern. Auch Ferkel, auf den Märkten in Polle, Ottenstein oder Hameln gekauft, wurden in einem langen Sack über die Schultern gehängt getragen. Daß dabei die verängstigten und beunruhigten Tiere dem Träger die Hinterteile der Kleidung durchnäßten, gehörte zur

Sache. Auch vom Schlachter angekaufte Kälber wurden mit zusammengebundenen Füßen auf dem Rücken transportiert.

Im Jahre 1843, nach der Anschaffung neuer Braunschweigischer Himten, mußten diese auf das Eichamt nach Holzminden gebracht werden. Zu dieser Zeit wurde noch alles Getreide nach Gemäß verkauft. Dort wurde der Himten mit kleiner Wintersaat gefüllt und mit dem Streichholz, das auch mit zur Eichung mußte, abgestrichen.

Die Fabrizierer der Himten übten die peinlichste Genauigkeit, daher wurden sie auch in der Regel für richtig befunden. Beim Eichamt bekamen dann Himten und Streichholz eine Marke eingebrannt.

Das Lastentragen war ja zu der Zeit üblich, der schlechten Beschaffenheit der Wege halber. Bevor in den letzten Jahren zwischen Hehlen und Grohnde eine sogenannte Staatsstraße gebaut wurde und im Jahre 1901 die Eisenbahn, gab es nur einen Pattweg an der Weser entlang, der durch den Sumpf und über die Hügel führte. Wenn wir im Niederfelde arbeiteten, dann sah man, wenn in Pyrmont, Lügde, Hameln oder Rinteln Markttag war, die Schuhmacher aus Kemnade und Hehlen, die Klempner, Kürschner, Bäcker und Schuhmacher aus Bodenwerder mit ihren Fabrikaten belastet reihenweise dahineilen. Die Männer hatten Kiepen an Tragseilen auf dem Rücken, und die Frauen trugen hoch aufgebauschte Ballen auf dem Kopf.

Heutzutage sieht man das alles nicht mehr. Die neuen Verkehrsverbindungen haben doch eine ungeahnte Erleichterung im landwirtschaftlichen wie auch im allgemeinen Bereiche gebracht. Gegenwärtig kann man die Tour nach Holzminden mit der Bahn machen und nach Hameln sogar zweimal am Tage.

Die Einspännerwagen werden jetzt zu Hunderten angeschafft und können alle Lasten befördern. Das ist nur möglich, weil wir ein so gutes Straßennetz haben. Der Mühlenwagen, der Brotwagen und der Milchwagen fahren. Die Hausierer aller Branchen fahren heutzutage. Selbst die Zigeuner haben sich auf Räder umgestellt. Letztere Truppe sah man früher zu Fuß wandern. Die alten Väter und Mütter schleppten sich, auf Stöcken gestützt, mit. Die älteren Kinder liefen nebenher, und die Frauen trugen die kleinen Kinder, an denen es nicht mangelte, in einem Rucksacke auf den Schultern. Aus den Öffnungen baumelten ein, zwei, manchmal sogar drei Köpfe heraus. Jetzt fahren diese in einem leichten, geräumigen Wagen, in dem auch gekocht und geschlafen wird.

Bis 1842 gab es in dem jetzigen Deutschen Reiche noch keine Eisenbahnen und bis 1845 noch kein Dampfschiff. Gegen 1850 sehen wir auf der Weser das erste Dampfschiff. Gegenwärtig sind alle Flüsse mit Schlepp- und Passagierdampfern belebt. Auch in den Städten haben die elektrischen Bahnen die mit Pferden gezogenen Wagen zur Beförderung der Passagiere abgelöst.

In der Mitte des 19. Jahrhunderts wanderten viele Menschen aus Europa nach Amerika aus. Auch hier aus Daspe ist 1850 eine kinderreiche Familie ausgewandert. Im Laufe der Jahren haben noch 15 junge Menschen, überwiegend Mannspersonen, den Weg über den großen Teich gewagt. Die Reise ging von Bremen oder Hamburg mit den damaligen Segelschiffen. 300 Auswanderer nahm solch ein Schiff auf. Verpflegung wurde für 13 Wochen mit an Bord genommen. Im günstigsten Falle dauerte die Atlantiküberquerung drei Wochen. Außer der Seekrankheit, die wohl ein jeder mitmachte, gab es auch noch andere Krankheiten.

Im Jahre 1852 sind aus Daspe zwei Brüder vom Hof Nr. 16, eine 22 Jahre alte Tochter vom Hofe Nr. 1, die ihrem Bräutigam nachreiste sowie ein 22jähriger junger Mann vom Hof Nr. 19, mein Altersgenosse und lieber, guter Freund ausgewandert. Die Männer sind in der vierten Woche mitten auf dem Atlantik an einer Krankheit, der Ruhr, gestorben. Emma Müller, die die drei Männer gepflegt hat, ist gesund hinübergekommen. Jetzt dauert so eine Reise mit dem Dampfer etwa eine Woche.

Der Weinberg

Der Weinberg war ein Industriezweig für die hiesigen Interessenten in der Zeit von 1865 bis 1890. Es wurden Steine aus dem Berge zum Kalkbrennen und zum Weserausbau gebrochen.

Als die hiesige Feldmark separiert wurde, von 1843 bis 1847, und alle gemeinschaftlichen Flächen, wie der Dunekopf, der Anger und die Grieseburg, in die Separation gegeben wurden, sollte auch dieser etwa 17 Morgen große, der Weser parallel von Daspe bis zum Mäusegrund laufende Abhang mit separiert werden. Jedoch erhob der Graf von der Schulenburg Einspruch gegen das Teilen. Er habe die Berechtigung, an fraglichem Berge jährlich einige Öfen Kalk zu brennen.

Es gab Reste von drei Stück Kalköfen, die in einer Reihe unterhalb des Feldplanes Nr. 11 lagen. Zwei davon waren stark verschüttet, dagegen war der eine noch ziemlich gut erhalten. Er hatte etwa 2 m Durchmesser und war 3 m tief. Eine Holunderstaude hatte sich darin angesamt. Den starken Ästen nach, deren Zweige aus dem Ofen herausragten, konnte man annehmen, daß etwa seit 100 Jahren kein Holz darin verbrannt worden war.

Es stellte sich aber heraus, daß fragliche Berechtigung doch wohl begründet sei. Es wurde von den ältesten Einwohnern hierorts bekannt, die es von ihren Eltern wußten, daß es dem Grafen von der Schulenburg einmal verboten worden sei, daselbst Kalk zu brennen. Da er aber solches nicht eingestellt, wären drei Besitzer von Höfen hier aus dem Ort hingegangen und hatten mit Äxten die Öfen eingeschlagen. Dafür seien sie dann mit Gefängnis bestraft. Es wurde auch noch erzählt, daß ein langjähriger Prozeß wegen der Berechtigung des Grafen stattgefunden habe, den die Gemeinde verlor und der sie viel Geld gekostet habe. Als Kind hörte ich von meinen Eltern, daß ihre Vorfahren hier vom Hofe noch 600 Thaler Klagekosten bezahlen mußten. Das muß wohl so um das Ende des achtzehnten Jahrhunderts gewesen sein. Es müssen wohl auch nicht alle Gemeindemitglieder an diesem Prozeß beteiligt gewesen sein. Die Höhe der Kosten, zieht man den Wert des Geldes zu jener Zeit in Betracht, war für meine Vorfahren ganz ungeheuer.

Wodurch nun diese Berechtigung entstanden, war nicht mehr zu ermitteln. Vielleicht war der Gemeinde von dem verpflichteten gutsherrlichen Gefälle, sei es an Herrendienst oder Zinskorn, dagegen erlassen worden.

Aber das waren nur Mutmaßungen. Im Archiv der Gemeinde war darüber nichts aufbewahrt worden. Genug, eine Berechtigung des Grafen von der Schulenburg am fraglichen Berge war wohl begründet. So blieb der Berg, da der Wertanteil des Grafen nicht zu ermitteln war, unverteilt liegen. Als Nutzung stand jedem Interessenten frei, für seinen eigenen Bedarf Mauersteine, wo sich solche fanden, zu brechen. Auch konnte er Schutt und Mergel zur Auffüllung seines Hofes abfahren. Die Oberfläche des Berges war fast ganz kahl, da er von den Schafen beweidet wurde. Im oberen Teil des Berges, etwa vom Mäuseborn bis zur Mitte der Länge, wurden schichtweise Mauersteine gebrochen. Diese etwas gelbadrigen Steine wurden zu den Umfriedungsmauern, aber auch bei Neubauten verwendet.

Etwa bis 1865 war diese Strecke ausgebeutet, und es wurden keine Schichtsteine mehr gefunden. Der vordere Teil des Berges, vom Dorfe ab, deutete auf felsigen, vorzüglichen, guten Kalkstein.

So hatte doch der Besitzer der Kötnerstelle Nr. 21, Hennemann, dem der vordere Teil des Berghanges gehörte, im Anfang des neunzehnten Jahrhunderts Steine gebrochen, zu Kalk verbrannt und den Kalk mit dem Schiff nach Bremen geliefert.

Auch in dem Orte Brevörde hatten mehrere Besitzer am westlichen Berghang oberhalb des Ortes eine Reihe Kalköfen und lieferten ihren Kalk ebenfalls mit Schiffen nach Bremen. Da der Dasper Kalk qualitativ besser war als der Brevörder, hatten sich die Brevörder Kalkbrenner mit dem Dasper Hennemann geeinigt, daß er keinen Kalk mehr nach Bremen liefere. Sie hatten es fertig gebracht, daß er 18 Jahre lang gegen eine Entschädigung von 50 Thalern jährlich auf seine Lieferung verzichtete. Um das Jahr 1850 lief dieses Übereinkommen aus, und es wurde nicht wieder erneuert.

Die Wege und Hofräume hier im Ort wurden mit Kummer aus dem Weinberg oberhalb der Zeddiesschen Wiese aufgefüllt. Darunter trat ein Fels zutage, ähnlich wie die Steine im Hennemannschen Bruche. Die Interessenschaft ließ eine Ladung brechen, die ein Schiffseigner aus Hameln nach Bremen brachte. Darauf schaltete sich der Graf von der Schulenburg ein und erklärte, er sei nicht mit dem Verkauf von Steinen einverstanden. Darauf wurde die Sache wieder eingestellt. Hinzu kam noch, daß der Schiffer namens Jacob, der die Steine in Bremen verkauft hatte, zahlungsunfähig war. Somit gab es auch keine finanziellen Differenzen zwischen Schulenburg und den Interessenten. Es gingen so zwei, drei Jahre hin, da äußerte sich der gräfliche Geschäftsführer Stapel unserem derzeitigen

Gemeindevorsteher gegenüber, daß der Graf von der Schulenburg geneigt sei, sich wegen seiner Gerechtsame am Weinberg gegen eine Entschädigung von 400 Thalern von seiten der hiesigen Separations-Interessenten abfinden zu lassen. Die Summe könne auch als Kapital, verzinslich zu vier Prozent, stehenbleiben.

Unser Nachbar Jungesbluth, der derzeitige Vorsteher, lieh die 400 Thaler von einer Witwe vom Hofe Nr. 2 und zahlte sie an das Rittergut aus. Jetzt konnte der Bruch wieder in Betrieb genommen werden. Nach drei Jahren wurde dieser Betrag schon wieder an die Witwe zurückgezahlt.

Es kam nun eine rege Nachfrage nach Kalksteinen auf, und den Interessenten stand nichts mehr im Wege, neben der Landwirtschaft noch Industrie zu betreiben. Der Gemeindevorsteher Jungesbluth nahm die Sache in die Hand. Für einen Faden Brechen und Aufschichten gab es 15 Mark. Beim Beladen des Schiffes wurden für das Einkarren für den Faden sechs Mark bezahlt. Die Steine wurden vor der Abfahrt des Schiffes bar bezahlt. Ein großes Schiff, Bock genannt, konnte je nach Wasserstand der Weser bis fünf Faden Steine laden. Unter drei Faden lohnte sich die Fracht nicht mehr.

Die Bergfahrt, weseraufwärts, wurde noch mit dem Vorspann von Pferden gemacht. Aber auch die Talfahrt hatte so ihre Tücken wegen des ungleichmäßigen Fahrwassers. Die Latferder Klippen waren sehr gefürchtet. Dort lag das Flußbett bei sehr starker Strömung im Felsen.

Die Fracht blieb fast immer gleich. Bis Südweihe kostete ein Faden 50 Thaler, bis Bremen 52 Thaler. Ab 1868 wurden sehr viele Steine nach Oldenburg geliefert. Von Bremen ging es dann auf der Hunte weiter. Ein Faden kostete bis dahin 93 Thaler an Fracht! Ich wiederhole es in Buchstaben: Dreiundneunzig Thaler! In Oldenburg hatte der Fabrikant und Abnehmer unserer Steine einen Ringofen, der nicht ausgehen durfte. Ein Schiffseigner hatte die Verpflichtung übernommen, obigen Fabrikanten sicher und pünktlich zu beliefern. Nachdem in Hameln die Schleuse erweitert wurde, konnten auch größere Schiffe passieren. Bei vollem Wasserstand konnten diese sieben Faden laden. Die Frachtkosten nach Oldenburg verminderten sich nun auf 63 Thaler.

Arbeit gab es das ganze Jahr über im Bruche. Vier der hiesigen Tagelöhner und zwei Mann, die Brinksitzerstellen besaßen, hatten mit Ausnahme der Erntezeit und der Dreschtage daselbst lohnende Arbeit. Die betriebreichsten Jahre waren während meiner Amtszeit als Gemeindevorsteher von 1871 bis 1876. Ich übernahm so wie meine Amtsvorgänger Jungesbluth und Zeddies die Verwaltung des Bruches. Die Steine stiegen im Preis von 14 auf 18 Thaler je Faden.

Das Steinmaß Faden basiert auf den alten Längenmaßen Ruthe, Fuß und Zoll. Ein Fuß hat 29 cm. Ein Faden war 16 Fuß lang, 16 Fuß breit und vier Fuß hoch. Das sind 1024 Kubikfuß oder 24,97 m³. Ein Faden war in vier Schachtruthen unterteilt: acht Fuß lang, acht Fuß breit und vier Fuß hoch. Dann gab es noch die Teilung in vier Sechzehntel: vier Fuß lang, vier Fuß breit und vier Fuß hoch.

Der Abfall, gewöhnlich Kummer genannt, wurde stets nach Schachtruthen berechnet. Räume, die aufgefüllt wurden, wurden vorher nach Kubikinhalt ausgemessen, und je nach Entfernung erhielten die Arbeiter für eine Schachtruthe Kummer eine bis zwei Mark.

In einzelnen Schichten fanden wir auch Mauersteine. Diese mußten die Arbeiter gesondert aufsetzen. Sie erhielten für diese zu brechen acht Thaler statt fünf Thaler pro Faden. Diese Mauersteine wurden aber nicht nach auswärts verkauft, sondern fanden im Ort Verwendung. Es wurden überwiegend Befriedungsmauern damit errichtet, aber sie wurden auch bei Neubauten verwendet. Der Empfänger hatte für diese Steine außer den acht Thalern für das Brechen noch einen Thaler Bruchzins in die Interessentenkasse zu zahlen.

Die Bewirtschaftung meines Hofes infolge des Fortschrittes der Kulturen, der verstärkten Düngung, der Einführung von Kraftfutter sowie dem Einsatz von verbesserten Maschinen und Geräten beanspruchte schon einen ganzen Mann. Daneben übte ich noch das Amt des Gemeindevorstehers aus, verbunden mit dem Einnahmedienste. Zu diesen Aufgaben gehörte auch die Verwaltung der Steinbrüche.

In der Zeit, in der gebrochen wurde, konnte ich selten mal drei Tage oder länger aus den Brüchen wegbleiben. Es war erforderlich, dort nach Übersicht Anordnungen zu geben. Dabei spielten Notizbuch und Maßstab eine wichtige Rolle. Die Arbeiter hatten mit Brechen, ich dagegen mit Brüchen auf dem Papier zu tun. Der Betrieb lief wie am Schnürchen!

Bevor ein Schiff beladen abfuhr, mußte ich anwesend sein. Die Beladung des Schiffes richtete sich nachdem augenblicklichen Fahrwasser. Der Schiffseigentümer hatte ein genaues Zeichen am Fahrzeuge, ob 5%, $4^7/_{16}$ oder gar $6^{13}/_{16}$ Faden geladen werden konnten. Ich gab dem Steuermann einen Ablieferungsschein mit auf die Reise und notierte mir dann auch zur Kontrolle den Inhalt der restlichen angebrochenen Steinbänke. Jeden Sonnabend, eine Stunde vor Feierabend, ging ich in die Brüche und nahm die Wochenleistung der beiden Kolonnen durch Ausmessen auf. Jede Kolonne hatte einen Lohnempfänger, der wiederum an die Mitarbeiter auszahlte. Mit den Empfängern der Steine in Porta, Südweihe, Bremen und Oldenburg mußte ich korrespondieren. Während meiner Amtszeit brauchte ich nur einmal einen Betrag durch einen Notar einzuklagen.

Der Überschuß aus den Brüchen kam dem ganzen Dorf sehr zustatten. Es wurden doch alle Gemeindeausgaben, die sich so auf 1200 Mark beliefen, davon bestritten.

Auf einer Gemeinderatssitzung im Jahre 1873 machte ich den Vorschlag, einmal etwa 900 Mark extra zu verteilen. Ich wollte davon die Grundsteuer für die Interessenten für die nächsten Monate zahlen. Mein Vorschlag wurde einstimmig angenommen. Ich fertigte darauf eine Verteilungsliste an, die den Grundsteuerzahlungen entsprach. An einem Sonntagnachmittag hatte ich wie üblich ansagen lassen, daß das sogenannte Monatsgeld zu zahlen sei. Wenn die Einzelnen dann kamen, ihr Quittungsbuch auf mein Pult legten und das Geld aufzählten, sagte ich: Laß das Geld nur weg. Wir wollen es heute mal anders machen. Dort liegt die Verteilungsliste, da kannst du deine Anteilsumme aufgezeichnet finden. Die Überraschung war nicht gering, da ich auch noch in Aussicht stellen konnte, daß mehrere Monate keine Steuern gezahlt zu werden brauchten. Obwohl mir die Berechnung vorher viel Mühe machte, bereitete mir der betreffende Sonntagnachmittag doch ein großes Vergnügen.

Diese Sache ging gut, bis so um das Jahr 1876 die sogenannte Vienenburg – Löhner Bahn gebaut wurde. Diese Bahn passierte die kalksteinreichen Gegenden von Eldagsen, Völksen und Marienburg. Von dort wurde gebrannter Stückkalk an alle bedürftigen Gegenden geliefert, und unsere Sache kam plötzlich zum Stillstand. Kein Stein wurde mehr verlangt. Wir ließen aber doch noch von den Tagelöhnern aus Daspe Steine brechen, die für die Weserbauten zwischen hier und Hameln benötigt wurden. Wir konnten allerdings nur noch zwölf Thaler je Faden erzielen. Bei geringerem Überschuß wurden unsere Steine nach der Korrektur des Weserbettes 1895 auch alle. Auf der anderen Seite wurde die Arbeit hier im Dorfe durch die intensivere Wirtschaftsweise und die dadurch gesteigerten Ernten mehr. Die Leute, die bisher im Bruche gut verdient hatten, fanden nun auf den Höfen Arbeit. Besonders ab 1876, als der Rübenbau eingeführt wurde, verdienten die Tagelöhner wieder gut.

Zusammenfassend kann ich sagen, daß doch die günstigste Zeit am Weinberge in Acht genommen wurde und die Interessenten sowohl wie auch die Arbeiter gut verdient haben.

Wäre damals kein Hindernis gräflicherseits bei der Separation gewesen, so wäre der Berg, so wie aller übriger Gemeindebesitz, verteilt worden. Hennemann hätte zu seinem ursprünglichen Besitz noch eine Wenigkeit nebenan bekommen. Alle Besitzer der oberhalb angrenzenden Feldkoppeln Nr. 11, 16, 1, 5, 12, 18 und 22 hätten ihre Anteile unter ihren Feldplänen erhalten. Dem Hof Nr. 11 wäre der ungeheure Schatz an Steinen zugefallen. So ist aber nun der Vorrat gerecht verteilt. Mit den Überschüssen wurden auch die Ablösung der gutsherrlichen Gefälle und Leistungen sowie die Separation der Feldmark bezahlt.

In die Interessentschaftskasse flossen neben dem großen Betrieb des Weinberges auch die Einnahmen aus der Jagdverpachtung. Nach der Revolution von 1848 wurde die Jagd zum ersten Male 1850 auf sechs Jahre verpachtet, zunächst für neun Mark, später für längere Zeit für 30 Mark, und gegenwärtig beträgt die Pacht 100 Mark.

Außer diesen Aufgaben gehörte zum Amte des Gemeindevorstehers, Abrechnung zu geben über Wegebau, Armenkasse und andere Gemeindeobliegenheiten sowie die Steuern einzunehmen. Alle Rechnungen und Belege mußten dann an das Herzogliche Kreisdirektorium in doppelter

Ausfertigung eingeschickt werden. Die Interessentschafts-abrechnungen wurden dem Gemeindearchiv einverleibt. Vorher wurden diese Abrechnungen dem Gemeinderat in allen Einzelheiten zur Prüfung vorgelegt. Anschließend lagen sie zu jedermanns Einsicht noch 14 Tage in der Wohnung des Gemeindevorstehers aus.

Es war bisher so üblich, daß der Gemeindevorsteher sämtliche Rechnungen durch einen Lehrer oder Angestellten machen ließ. So waren auch die hierörtlichen Rechnungen von jeher von dem gräflichen Geschäftsführer und später, nach dessen Tode, von dem gegenwärtig in Hehlen angestellten Judenlehrer angefertigt. Als gegen Ende meines ersten Jahres als Gemeindevorsteher die Notizen sowie die Belege über Ausgaben und Einnahmen sich anhäuften, wurde der Entschluß in mir wach, da es mir doch zu empfindlich war, mit all den Sachen aus dem Hause zu gehen, es selbst zu machen.

Ich bin nie vom Hofe fort gewesen, denn die Ackerbau-schulen wurden erst nach meinen Jünglingsjahren gegründet. Wegen eines rheumatischen Fußleidens, an dem ich von meinem 15. bis zu meinem 21. Lebensjahre litt, wurde ich auch vom Militärdienst befreit. Ich bekam lediglich durch den Lehrer der Hehlener Schule nach meiner Konfirmation einen Winter lang wöchentlich viermal 1½ Stunden Privatunterricht, was an Schulgeld zwei Thaler kostete. Ich erhielt Unterricht in Schreiben, Rechnen und Rechtschreibung. Letztere war sehr schwankend und mehr der Mode unterworfen. Die Selbstübungen zu Hause waren für mich die Hauptsache. Dieser Lehrer unterrichtete in der Hehlener Schule 230 Kinder ganz allein.

An den Herbstabenden studierte ich die Rechnungen und Aufzeichnungen von den Vorjahren und fand mich bald darin zurecht. Als ich nach meinem ersten Jahr als Gemeindevorsteher die Rechnungen zur Revision einschickte und von obiger Direktion wieder zurückerhielt, fand ich zu meiner Freude, daß alles gestimmt hatte und kein einziges „Monatas" gemacht worden war. Seit dieser Zeit sind auch von meinen Nachfolgern sämtliche schriftlichen Arbeiten ohne auswärtige Hilfe gemacht worden.

Durch den Nebenbetrieb in den Steinbrüchen wurde dem Gemeindevorsteher hierorts die Ausübung des Amtes sehr verleidet. So wurde in den vergangenen 50 Jahren alle sechs Jahre gewechselt.

Der Weinberg wurde, nachdem keine Steine mehr gewonnen wurden, beim Verpachten der Wege auch mit verpachtet. Er brachte 50 Pfennige Pacht. Dafür hatten die Pächter stellenweise etwas Grasnutzung. Als der Berg noch mit Schafen beweidet wurde, war das Buschwerk nur einen Eimer hoch, da die Sprosse von den Schafen abgenagt wurden. Gegenwärtig ist ein Hochwald von bis zu 2 m hohem Gebüsch gewachsen: Wacholder, Schwarz- und Weißdorn, Hagebutten und wilde Stachelbeeren. Auch medizinische Kräuter kommen im Herbst vollkommen zur Reife, wie Malterbrot, Schlehen, Hagebutten, Wacholder usw.

Ganz anders mag der Berg vor Jahrhunderten ausgesehen haben, als an demselben Wein angebaut wurde. Im Klosterarchiv zu Kemnade fanden sich Aufzeichnungen. Danach haben die Klosterdamen jährlich sechs Kufen Wein vom Weinberg zu Daspe erhalten.

Sachverzeichnis

Ein erzählerischer Bogen –
von der Oder
zum
Niederrhein